医者が教える最高の美肌術

小林暁子
小林メディカルクリニック東京院長

アスコム

肌の老化を
止めるために
本当に
必要だったのは
「美肌菌」でした。

INTRODUCTION

肌の老化を
くいとめているのは
たった1マイクロメートルの
美肌菌。
髪の毛の太さの
100分の1サイズの美肌菌が、
くいとめている、
ということを知っていますか？

INTRODUCTION

その美肌菌は、
何もしなければ
年齢とともに、減っていきます。
結果、うるおいや、
ハリがなくなるのです。
でも、**老化のせいだ**、
とあきらめていたら。
それは間違いです。

なぜなら、
からだの内と外にいる
美肌菌のバランスが整えば
肌にうるおいが生まれ、
ハリもよみがえるからです。
何歳からでも遅くはありません。
その方法を
これからお伝えいたします！

はじめに

私はこれまで、数十年にわたって、15万人以上もの、さまざまな患者様と接してきました。

なかでも転機だったのは、以前勤めていた大学病院で、女性外来の開設に立ち会ったことです。その経験から、多くの女性が、少しでもからだの悩みから開放されるように、との願いで、大学病院より門戸の広い、現在のクリニックを開院しました。

「30歳を過ぎたあたりから、急に肌にうるおいが、なくなってきた」
「仕事で少し無理をすると、翌日、肌荒れをするようになった」
「50歳を過ぎてエステに行っても、高い化粧品を使っても、翌朝元の乾燥肌に」
来院してくださる患者様から、よく相談される悩みです。

ですが、医学的に、「急に」肌が老化することはありません。

肌の衰えを加速させる
最大の原因は
生活習慣の
乱れの蓄積です。

◎なぜ、生活習慣が乱れ続けると、肌が衰えるのか

長年、ぐっすり眠れなかったり、肌の間違ったケアを続けたり、好きな食べ物ばかりを積極的に食べていたり……。

その積み重ねが、ふとしたとき目に見えはじめ、衰えを実感させるのです。

人間の肌のピークは、19歳から28歳くらいまでといわれています。この年齢を境に、下り坂をゆっくりと、転げ落ちていきます。

放っておくと、だんだんとシミが増え、ほうれい線やシワが深くなり、気づいたときには、実年齢とかけ離れた肌に……。

「いいえ、私はちゃんと毎日欠かさず、しっかりと洗顔もするし、お肌にいい栄養もたくさんとってる。化粧水もたんねんにつけて、ケアを欠かしていないから大丈夫」

こんな美肌意識の高い方からの反論も聞こえてきそうです。

しかし、そこに大きな落とし穴があります。

最新の研究によれば、生活習慣が乱れ続けると、体内の糖化が進み、ＡＧＥという老化物質が生まれます。

このＡＧＥは、非常に強い毒性をもち、肌の弾力を保ってくれるコラーゲンにべったりと絡みつきます。それが原因で、肌の弾力が失われてしまうことがわかりました。

私自身、甘いものに目がなく、学生時代や研修医時代は、よく友人や同僚とスイーツやお菓子などで空腹を満たしたり、食事をおろそかにして、間食で甘いものをとっていました。さらに勤務医時代は、睡眠不足やストレスによる影響もありました。

それがいけなかったのかもしれません。

あるとき、知り合いの皮膚科医に、

「かなり糖化が進んでいるね。このままだとあっという間に、外見はもちろん体内も年齢とかけ離れたものになってしまうよ」

といわれ、ショックを受けました。

私は、この糖化に歯止めをかけるため、ある臓器の働きに注目しました。

それが、臓器のなかで
もっとも早い
新陳代謝をする腸と、
その働きを支える
腸内細菌でした。

◎肌を内側から美しくする、腸の「美肌菌」

人間の腸には、1000種類以上、約100兆個もの細菌が、棲《す》んでいるといわれています。腸内フローラといえば、ピンとくる方も、いるのではないでしょうか。その腸内フローラに棲む菌が、ベストなバランスに保たれていると、肌の老化が抑えられます。

みなさんが気になっている、シミ、シワ、ほうれい線なども、目立たなくなります。**腸内細菌は、肌を健康的に美しくしてくれる、まさに「美肌菌」**と呼べるでしょう。

反対に、偏《かたよ》った食事や睡眠不足など、生活習慣が乱れると、腸内フローラのバランスが崩れます。AGEが発生し、腸の動きが悪くなって代謝が低下。老化のスピードがアップし、肌が目に見えて衰《おとろ》えていきます。

だからこそ、腸内の美肌菌が、棲みやすい環境をつくる必要があるのです。

そうすれば、新陳代謝の早い腸が正常に働き、血流が増えて全身の代謝が上がり、肌がよみがえります。

◎肌を外側から美しくする、肌表面の「美肌菌」

さらに近年、美肌に関して、大変興味深い研究報告がされはじめました。

それが、腸内フローラと同じように、**皮膚にも肌フローラと呼ばれる、肌の健康を左右する細菌たちがいる**、というものです。菌の数は250種類以上と、腸内細菌よりは少ないですが、通称〝美肌菌〟と呼ばれている、肌をツヤツヤにする菌や、うるおい成分の保護に役立つ菌など、多種多様。肌を守る最前線の防衛ラインとして、大切にしなければいけない細菌たちです。

肌フローラも、腸内フローラと同じく、菌のバランスが整っていることが大切。肌フローラは、体調不良やストレスに影響されやすいため、生活習慣に気をつけることが、ベストバランスを保つ秘訣といえるでしょう。

では、美肌につながる、腸内フローラと肌フローラ、このふたつに棲む美肌菌のバランスを整えるために、私たちは何をすればいいのでしょうか。

医学的に正しい食事と
代謝を上げる
簡単なメソッド。
これを続けるだけで、
本当のマイナス10歳肌が
手に入ります。

このふたつの方法を続けていけば、皆さんが本来持っていた、「肌を癒やす力」を取り戻すことが出来ます。

私は普段から食事はもちろんのこと、すきま時間を見つけては、とくにストレッチを実践しています。ヨガマットを敷けるスペースがあれば、どこでもできるので、本当におすすめです。

肌の調子がよくなると、刺激から肌を守るバリアがはられ、ＵＶケアのクリームなども、それほど強力なものをつけなくてもすむはずです。

実際、外に積極的に出ることが好きな私は、大好きなテニスやゴルフなどで、長時間紫外線を浴びても、最低限のケアで、健康的な肌に翌朝戻ります。

肌が健康的になれば、からだ全体がいい状態であるといえます。

不調も病気も自然と遠ざかり、ストレスにも強くなれます。

そうなれば、人に好印象を与えられる、素敵な笑顔で過ごせる時間が、きっと増えるはずです。

ぜひ、この体の内側と外側から、
働きかける方法で、
いつまでも**健康的で、**
うるおいのある最高の美肌を
手に入れてください。

CONTENTS

第2章

美肌菌育成プログラム

第3章

美肌づくりの「新習慣」

第4章

肌のお悩み別〝特効ワザ〟

BEAUTIFUL SKIN

第 1 章

美肌菌が増える「食事術」

大人ニキビの原因は食品添加物

BEAUTIFUL SKIN

正しい食事で「内側の美肌菌」が増える

美しい肌にとって欠かせないのが、人間のからだに存在する「細菌」の働きです。人体に生息する細菌（菌）は、100兆個以上ともいわれています。

「菌」というと、怖いもの、害があるもの、というイメージを抱く方が多いかもしれませんね。しかし実は、人間のからだの営みの多くは、これら無数の菌がお互いにお互いをサポートし合い、共生関係を保つことで成り立っているのです。

肌の美しさ、若々しさにもまた、菌の存在が欠かせません。

この本では、肌の美しさ、若々しさに関係している菌を総称して「美肌菌」と呼んでいくことにしましょう。

美肌菌には、大きく分けて「からだの内側で働く美肌菌」と、「からだの外側（表面）で働く美肌菌」が存在します。詳しくは98ページから解説しますが、**美肌のためにまず重要視しなければいけないのが、内側の美肌菌、つまり、腸内に存在して、肌の健康に一役買っている菌たちです。**

さて、内側の美肌菌を育んで増やすために、いちばん重要なものとは何でしょうか。

それは、食事です。

あなたの、毎日の食生活を振り返ってみてください。

手軽さを優先して、食品添加物を含む加工食品ばかり食べていたり、栄養バランスに無頓着《むとんちゃく》な食生活を送ったりしていませんか？

食事を疎《おろそ》かにしていると、からだのありとあらゆる部分の菌に影響が出ます。内側の美肌菌、つまり腸内の美肌菌が減少し、逆に肌に悪さをする菌が繁殖《はんしょく》してしまいます。

その結果、肌に常在する「外側の美肌菌」も減ってしまいます。

大人なのにしょっちゅうニキビができたり、最近、肌がたるんできた、ハリがない、顔色がくすんでいる……などと感じるのは、もしかしたら、食事が原因で、内側の腸内細菌が減ってしまっているせいかもしれません。

BEAUTIFUL SKIN

食べ物が「細胞の質」を左右する

人間のからだには、約60兆個の細胞があります。

その細胞の質がピークに達するのは、19歳。それ以降、細胞は、つねに生まれ変わりながらも、徐々に質が落ちていきます。女性誌などでは「25歳がお肌の曲がり角」とよく言われますが、細胞レベルでは確かに、25歳で老いがはじまっているのです。

「細胞の質」とはどういうことかというと、簡単にいえば「細胞の働きぶりの良し悪し」です。**細胞の質が高いということは、つまり、細胞がパワフルに働いている状態**

を意味します。

若くて細胞の質が高いときは、不健康な食生活を送っていても、肌もからだもあまり不調にはならないかもしれません。

でも、どんなに見た目を繕《つくろ》っても、細胞は日々、確実に衰えていきます。

「若い頃は、少しくらい不摂生をしても、肌荒れなんてすぐ治ったのに」
「食べる量は変わらないのに、以前よりも太りやすくなった気がする」
「昔にくらべて、いろいろな面で無理がきかなくなってきた」

年齢を重ねるごとに、このように〝若い頃との違い〟を感じる機会が増えてきたという方も多いでしょう。

これこそがまさに、細胞の質が低下していることのあらわれ。

30代、40代、50代という年代にさしかかれば、**10代や20代のときと同じ生活で、同じ美しさや健康のレベルを保つことはできないのです。**

この「細胞の質の低下」を完全に止めることは、残念ながら不可能です。
しかし、なんとか、スローダウンさせることはできないものでしょうか？
そのための最良の方法が、冒頭で触れた「食事」です。

人間の細胞は、口から食べたものが材料となって、できています。
からだによい食べ物を積極的にとる。
からだにとって悪影響を及ぼす食べ物を、できるだけ避ける。
食事に関する悪習慣を断つ。
そして、細胞や菌を生き生きとさせる、正しい食習慣を取り入れる。
このように、食生活にちょっとした〝ルール〟をつくっていくことが、年齢を重ねても細胞の質を高く保ち、いつまでも美しくいられる秘訣《ひけつ》なのです。

BEAUTIFUL SKIN

最初の一歩は「食品添加物を控える」こと

たとえば、からだにとって悪影響を及ぼす食べ物の代表格が、市販の加工食品に広く含まれている食品添加物です。

食品の色をキレイにして「おいしそう」に見せる着色料や発色剤、日持ちを向上させる保存料、変色や風味の劣化などを防いで品質をキープする酸化防止剤。カロリーや血糖値の上昇を抑えながら、おいしい甘みをつける人工甘味料などが代表的ですね。

実は日本は、先進諸国のなかでも食品添加物の認可数が多い国だということをご存じですか？

厚生労働省が安全性と有効性を確認した「指定添加物」は、現在、４５０品目以上。

これ以外に、長年使用されていた実績があるものとして厚生労働省が認めた「既存添加物」や、長年の食経験で健康被害がないとして使用が認められている「天然香料」などが、厚生労働省の認可のもと、使われています。

厚生労働省のホームページには、次のような説明があります。

「人の健康を損なうおそれのない場合に限って、成分の規格や、使用の基準を定めたうえで、使用を認めています。また、使用が認められた食品添加物についても、国民一人当たりの摂取量を調査するなど、安全の確保に努めています」

もちろん、その安全性は、しっかりとした科学的根拠のもとに評価されていることでしょう。しかし、それを過信、盲信してよいのでしょうか。

たとえば、長年にわたり使用されてきた食品添加物でも、後年の研究によって発ガン性の疑いなどが指摘され、その結果、使用が禁止されたものもあります（ズルチン、チクロ、アカネ色素など)。

なお、ヨーロッパ諸国を見ると、認可されている食品添加物は20〜30種類。日本で認可されている添加物のうちにも、海外では危険性を指摘され、使用を許可されていないものがあり、やはり気になるところです。

食品添加物は、体内に蓄積され続け、本来の正常な細胞の機能サイクルを低下させます。

こうした食品添加物は、「便利に早く食べられる」または「賞味期限が長い」食品に多く使われている傾向があります。まずは、なるべくそういう食事を選ばないようにすることを、ルールにしてみるのもいいでしょう。

とはいえ、現代人のライフスタイルを考えれば、便利な加工食品に頼りがちになってしまうのも、ある程度は仕方のないところ。

日本国内で生産された加工食品においては、食品表示法により、使用されている原材料や添加物が必ずパッケージに示されています。コンビニやスーパーで買い物をする機会の多い方は、まずは**原材料表示をチェックする習慣をつける**ところから、はじめてみてはいかがでしょうか。

BEAUTIFUL SKIN

〝いい加減精神〟が肌の老化を遠ざける

ただ、矛盾するようですが「アレを食べてはいけない」「こうしなくちゃいけない」と、自分をガチガチにしばり過ぎてしまうことは、避けてください。あまりに細かく気にし過ぎると、それがストレスになるからです。

ストレスは、腸内環境を悪化させます。栄養をきちんと吸収できなくなったり、便秘になったりして、その結果、内側の美肌菌の数が減ってしまいます。

さらに、ストレスは、老化の原因物質といわれる「活性酸素」を発生させ、からだを酸化させますから、逆に、肌の老化を招くことにもつながります。

最新の研究では、ストレスがガンの転移などに関わっていることが、わかってきています。ストレスは、それほど人のからだに影響を与えるのです。

食生活において、何より重要なのは「バランス」。健康寿命が長い方にも、「何でも食べる」という方が多いのです。

食への考え方も、バランスを大切に。自分が「健康オタク化してきたな」と感じたら、「これくらいでいいか」と、ちょっと脱力して、〝いい加減精神〟を取り入れてください。

これからご紹介する、美肌菌を増やして育てる食事術も、ストレスをできるだけ感じないよう、自分がやりやすいことからはじめて、楽しくポジティブな気分で取り組むことを基本にしましょう。

食品添加物を減らす工夫

その①

原材料表示を見る習慣をつける

市販の食品を買うときには、パッケージの原材料表示をチェックする習慣を。できるだけ、使われている食品添加物の数や種類が少ないシンプルな表示のものを選んで。

その②

賞味期限が短い食品を選ぶ

加工食品でも、保存料や防腐剤などが少ないものがベター。ただし、塩や砂糖、はちみつ、羊羹など、食品添加物とは無関係に、もともと賞味期限が長い食品もあります。

その③

下ゆでや湯通し、水洗いをする

たとえば、中華麺などに添加されるリン酸塩は、ゆで汁に流れ出るといわれます。ハムやベーコンなどの加工肉も熱湯で軽く湯通しするなど、調理前にひと手間かけて。

その④

免疫力が高まる食品をとる

食物繊維、ヨーグルト、発酵食品などは、腸内環境を整えて免疫力をアップ。免疫の働きが十分に高ければ、多少、からだに悪いものを食べても、その害を軽減できます。

甘いものをとり過ぎると
細胞がコゲていく

BEAUTIFUL SKIN

細胞がコゲつく「糖化」のしくみ

美肌菌を増やす食事について考えるうえで、まず注目したいキーワードが「糖化」です。

2010年頃から、アンチエイジングの分野ではよく耳にするようになりましたが、「酸化は知っているけど、糖化って何？」という方もいるかもしれませんね。

糖化とは、老化の原因のひとつといわれる、からだの反応。
糖化は、悲しいことに、一度起こってしまったら、元に戻すことはできません。

まずは、糖化とは、どういうものかを説明しましょう。

簡単にいえば、糖化とは、からだの中の細胞が「コゲる」ような状態になること。

糖化が進む原因は、大きくふたつ。**糖質過多の食品を食べ過ぎる**こと、そして**食後**

の血糖値の急上昇を招く食生活にあります。

糖質とは、ご存じのとおり、ごはんやパン、麺類などの主食や、小麦粉製品、甘いもの（お菓子、甘味料、甘みの強いフルーツ）などの主成分。野菜では、いも類やにんじんなどに多く含まれます。

本来、糖質は、脳などのエネルギー源として、必要不可欠な栄養素です。しかし、**多く摂取し過ぎて、体内で使いきれずに余ると、血液中の糖（血中グルコース）が体内のたんぱく質に絡みつき、ＡＧＥ（糖化最終生成物）という老化原因物質を生成してしまいます。**これが、糖化です。

肌のコラーゲンも、たんぱく質の一種。糖化が起きると、コラーゲンに柔軟性がなくなり、肌のハリが低下して、たるみなどの問題が起こります。また、血流も悪くなってしまい、美肌菌の棲む場所として適さない肌環境になります。

つまり、糖化は、たるみやシミなど、肌の老化を進行させる原因になるのです。

BEAUTIFUL SKIN

糖化を進めるのは「食後の高血糖」

糖化の指標となるのは、食後の血糖値です。

血糖値を急激に上げる食事をして食後に高血糖状態になると、血糖値を下げる働きをするインスリンというホルモンの分泌が追いつかなくなり、体内に糖が余るような状態になります。

この、**余った糖が多ければ多いほど（もしくは、糖が余っている時間が長ければ長いほど）、体内に存在しているたんぱく質と絡みついてできるAGEの量が増え、糖化が進んでしまうのです。**

最近は、この、食後の血糖値の急上昇を「血糖値スパイク」と名づけて、多くの医師や専門家たちが注意喚起《かんき》していますね。

糖質の過剰摂取や、長時間にわたって空腹が続いたあとに主食を〝ドカ食い〟するなど、問題のある食生活を続けることによって血糖値スパイクが頻繁に起こると、動脈硬化が進行し、脳梗塞《こうそく》、心筋梗塞、ガンや認知症を引き起こすともいわれています。

病気までいかなくとも、前述のように、美容面での悪影響は相当なもの！

この**「血糖値スパイク」を起こさない食生活が、美と健康の重要なカギのひとつである**ということを、心に留めておいてください。

なお、GI値（グリセミック・インデックス値）という言葉を、ご存じの方も多いかもしれません。これは、食後血糖値の上昇度を示す指標で、このGI値が低い食品ほど、食後血糖値の急上昇が起こりにくくなります。

主食についていえば、白米よりは玄米、うどんよりはそば、食パンよりはライ麦パンや雑穀パンと、その食品のなかに含まれる食物繊維の量が多いほどGI値は低くなります。

可能な範囲で、「白い食品（精製された食品）よりは、茶色の食品（食物繊維が残っている食品）を選ぶ」と心がけるだけでも、糖化を防ぐ一助になりますよ。

BEAUTIFUL SKIN

老化原因物質のＡＧＥを体内に取り込まない

また、老化原因物質のＡＧＥは、食品にも含まれていて、その数値（含有量）が高い食品を食べることも、糖化を進めるといわれています。

ＡＧＥは、糖質とタンパク質を高温で加熱すると増えるので、食品そのものというよりも、調理法が問題。「加熱する温度が高いほどより多く発生する」という特徴があるため、高温調理となるグリルや、油で焼いたもの、強火で炒めたもの、揚げたものなどは控えめにするのが正解です。**目安として、こんがりキツネ色に焼き色がついた部分や焦《こ》げた部分には、多量のＡＧＥが含まれていると考えてください。**

こういった、ＡＧＥの多い食べ物を習慣的に口にしていた方は、それらを減らすだけでも、糖化対策になります。

BEAUTIFUL SKIN

糖化対策は1日でも早くはじめて！

糖化対策は、若ければ若いほど意味があります。

糖化は元に戻らないと前述したのは、糖化により発生するＡＧＥという老化原因物質は、体内で一度発生すると、排泄《はいせつ》されるまでのスピードが非常にゆっくりなため。

一方で、食品から取り込まれるＡＧＥもあり、蓄積はどんどんされていきます。

つまり、糖化を防ぐには、「糖化がこれ以上進まない食事術」が必要なのです。

自分の現時点の糖化度（ＡＧＥの蓄積レベル）は、美容皮膚科のある一部のクリニックなどで測定することができます。気になる方は一度チェックしてみるのもいいでしょう。

ちなみに、私は、なんと、実年齢より20歳（！）以上も糖化度が進んでいました……。これはおそらく、大学病院に勤務していた時代に、長年にわたり、忙しさのあまり食のことが疎かになっていたせいだと思います。

日中はまともに食事をとる時間がありませんから、1日中何も食べない時間が続いたあと、夜中にピザをお腹いっぱい食べたりする生活を続けていました。

糖化度のレベルは、まさに、これまでの食生活の積み重ねの結果が表れたもの。でも、気づいたいまが、チャンスです。

「糖化がこれ以上進まない食事術」を実践すれば、おのずと糖化しにくい体質になり、数値の上昇をくいとめてくれるでしょう。

それに、もちろん、肌の老化の原因は「糖化」だけではありません。

糖化対策以外の〝美肌菌を育てて増やすための極意〟は、この本の随所で紹介していきます。

甘いものを食べ過ぎても〝なかったこと〟にする方法

BEAUTIFUL SKIN

糖化を防ぐ食事の「10か条」

その他、糖化を防ぐための食事のテクニックとしては、具体的にどういった方法があるのでしょうか。

ここからは、糖化対策の食事術として、10のポイントを紹介します。

すべて完璧に守れなくても、まずは自分がやりやすいことを、ひとつかふたつ取り入れるくらいの感覚でOKですので、気楽にはじめてみてください。

❶血糖値の上昇を抑える食品と組み合わせて食べる

いちばんのポイントは、糖質量の多い食品、そして、食後の血糖値を急上昇させるGI値の高い食品をできるだけ避けること。

ただ、このGI値という指標、よく確認してみるとわかるのですが、実は評価の仕方によって数値が異なるのです。ひとつの情報だけを鵜呑《うの》みにして、「にんじんは、GI値が高いから絶対食べちゃダメ！」と思っていると、実はそうではなかった……ということになる可能性もあります。

一般的にGI値が高いといわれる食品にどんなものがあるのかを知っておくことは大切ですが、私が何より重要だと思うのは、「組み合わせ」です。

たとえば、**GI値が高い食品を食べるときは、血糖値の上昇をゆるやかにする食物繊維が豊富な野菜と組み合わせて食べる。**そうするだけで、糖化対策になります。

参考までに、GI値が高い食品、低い食品の一例を47ページにまとめますので、毎日の食事を考えるときに役立ててください。

❷「ベジファースト」と「セカンドミール効果」を意識する

糖化対策に外せないのは、食物繊維。便秘予防などの整腸効果がある栄養素というイメージがありますが、糖の吸収をゆるやかにする働きもあります。

G I 値の高い食品、低い食品

分類	GI 値	食品
高	100	ブドウ糖
	90-99	じゃがいも（皮なし）、もち米
	80-89	白米、砂糖、マッシュポテト
	70-79	精白パン（食パン）、ドーナッツ、イングリッシュマフィン、フライドポテト、かぼちゃ（ゆで）、すいか
中	56-69	スパゲティ、そば、うどん、おかゆ（白米）、全粒粉パン、バゲット（フランスパン）、クロワッサン、ベーグル、キウイ、パイナップル、アメリカンチェリー、はちみつ
低	50-55	玄米、五穀米、ライ麦パン、ブルーベリー、マンゴー
	40-49	りんご、バナナ、オレンジ、いちご、ぶどう、チョコレート、さつまいも（ゆで）
	30-39	牛乳、トマトジュース、にんじん（ゆで）、ひよこ豆（ゆで）
	20-29	大麦、ヨーグルト（無糖）、グレープフルーツ、プルーン、桃
	10-19	大豆、ピーナッツ

参考：Search for the Glycemic Index, The University of Sydney
注：高中低の分類はシドニー大学の定義による

「ベジファースト」とは、ベジタブル・ファーストの略で、食物繊維がたっぷり含まれた野菜類を、食事の最初に食べるという方法。

野菜（サラダや副菜、汁物など）→たんぱく質（主菜）→炭水化物（主食）

食事のときには、この順番に食べるというのが基本です。「食べる順番ダイエット」としても知られていますが、糖化を防ぐ効果もあります。

もうひとつの「セカンドミール効果」は、1日のうち最初に食べた食事が、2回目にとった食事の血糖値に影響を及ぼすという理論です。たとえば、朝食に食物繊維量の多い食事をとると、昼食の後の血糖値上昇も抑える効果があるということが、さまざまな研究により実証されています。

毎日の朝食では、積極的に、食物繊維が豊富なものを食べましょう。

食物繊維の正しいとり方については、68ページ以降も参考にしてください。

❸ＡＧＥの多い食品を避けて、抗糖化食品を食べる

食物繊維が豊富な食品

穀類		豆類	
七分づき押麦	10.3g	いんげん豆	19.3g
押麦	9.6g	きなこ	18.1g
五穀	5.1g	あずき	17.8g
玄米	3.6g	大豆	17.7g
		おから（生）	11.5g

野菜類		きのこ類	
切り干し大根	21.3g	きくらげ（乾）	57.4g
枝豆	7.3g	干ししいたけ	41.0g
モロヘイヤ	5.9g	まいたけ（乾）	40.9g
ごぼう	5.7g	しいたけ（生）	4.2g
オクラ	5.0g	えのき（生）	3.9g
ほうれん草	4.8g	まいたけ（生）	3.5g
ブロッコリー	4.4g	エリンギ（生）	3.4g
大根	4.0g		
かぼちゃ	3.5g		

果実・種実類		海藻類	
ごま	12.6g	角寒天	74.1g
アーモンド	10.1g	ひじき	51.8g
くるみ	7.5g	刻み昆布	39.1g
アボカド	5.3g	焼きのり	36.0g
		カットわかめ	35.6g

参考：七訂日本食品標準成分表
注：可食部 100g 中の不溶性と水溶性を合算した総量

前項で、ＡＧＥは食品にも含まれており、高温調理した食品ではとくに含有量が多くなると説明しました。ＡＧＥは、タンパク質と糖が反応してできる物質ですから、なかでも、高温調理したお肉を甘いタレとともにいただくような食べ物は、かなりＡＧＥ量が多くなります。**要注意なのは、揚げ物、バーベキュー、焼肉など。また、ベーコンやフライドポテトも高ＡＧＥ食品の代表格です。**

これらの高ＡＧＥフードを控えると同時に、体内で糖化を抑える効果のある食品を積極的にチョイスすると、なおよいでしょう。

抗糖化が期待できる食品のなかでも、取り入れやすいものをふたつご紹介します。

まずは、**お酢やレモン汁。これらは、血糖値の上昇とともに、ＡＧＥの合成も抑えてくれることがわかっています。**マリネにしたり、脂っぽい料理にちょっとかけたりして、調味料として上手に活用しましょう。

そして、**もうひとつは、オリーブオイル。**私が自宅でつくる料理も、ほとんどオリーブオイルを使っています。糖の吸収を遅らせてくれる働きがあるので、たとえば糖質たっぷりのパンもオリーブオイルと一緒に食べれば、血糖値の上昇がゆるやかに。実際に、その効果を示す研究データも出ています。

オリーブオイルはできれば、良質なエキストラバージンオイルがベストです。

4 白いごはんは〝冷まして〟食べる

前述したとおり、主食は、白米よりも玄米がベター。炭水化物の何もかもがダメなわけではありませんが、血糖値の急上昇を促す糖質の割合が多い白米は、あまりおすすめはできません。夕食に白米を食べたいときは、朝食や昼食を玄米や雑穀入りごはんにするなどして、バランスを考えましょう。

白いごはんをどうしても食べたいときは、冷やごはんにするのもおすすめ。冷えたごはんは、でんぷん質が固まることにより、食物繊維と同様の働きをするレジスタントスターチ（難消化性でんぷん）という成分が増加します。

つまり、**同じ白米のごはんでも、ごはんが冷えた状態で食べるお寿司やおにぎりな**

ら、食物繊維を多く含む主食と同じような効果が期待できるのです。

⑤甘いものの〝ちょこちょこ食べ〟はNG

仕事をしながら、または家事の合間などに、ちょこちょこと甘いものをつまんで食べたりしていませんか。

チョコレートやクッキー、キャンディなどの〝ちょっとしたお菓子〟だと、つい油断して断続的に口にしてしまいがちですが、こういった習慣はNG。血糖値が下がらない状態を持続させることになるため、糖化を早めます。

また、急いで食べないことは血糖値の急上昇を防ぐコツのひとつでもありますが、甘いものはゆっくり味わいつつも、1回で食べ切るようにしたいもの。おやつを口にするなら、漫然と食べ続けることはせずに「おやつタイム」を決めて、適量を食べ終えたら切り上げるようにしてください。

⑥血糖値を一気に上げる菓子パンはやめる

コンビニなどで売られている菓子パンは、食べないに越したことはありません。成分のほとんどが糖質で占められているため、**食後の血糖値を急上昇させるうえ、糖質以外、からだにとって役に立つ栄養素がほとんど入っていません。**

しかも、善玉コレステロールを低下させ、悪玉コレステロールを増加させるトランス脂肪酸や、前述したような食品添加物もたっぷり。

もちろん、好きな食べ物をずっと我慢しているとストレスになりますから、「絶対にダメ！」と禁止する必要はありません。

ストレスは美肌の大敵ですし、自分のメンタルを守るためにも「たまにはOK」という、いい加減さも大事。でも、ときどき食べる〝ご褒美スイーツ〟は、なるべく高品質なものを選んでください。そうしたメリハリが、正しい食事術を習慣化するモチベーションになるはずです。

⑦「ノンシュガー」の表示に騙されない

近年の健康志向で、「無糖」「ノンシュガー」「シュガーレス」と、糖分カットをアピールする商品が多く登場しています。

ただし、これらの表示があっても、糖分がまったく含まれていないわけではありません。また、砂糖が使われていなくても、食品添加物として人工甘味料が使われているケースも多く、とり過ぎは避けたいところです。

また、「ノンシュガーだから大丈夫」という意識で、甘いものをとることが習慣化してしまうのもよくない点です。**日常的に甘いものを食べたり、飲んだりしていると、依存が生じ、甘いものがないと我慢できなくなってしまいます。**

味覚は「習慣」や「慣れ」の部分が大きいもの。機能性食品に頼りきることなく、ヘルシーな食生活を実現させていきたいものです。

⑧水を1日1・5～2L飲む

水分補給をしっかりすると、血中の糖の濃度が薄まり、血糖値が下がります。毎日、1・5〜2Lを目安に、水分をとることを習慣にしましょう。

水分は、水以外のもの（たとえば、お茶やコーヒーなど）でとってもOK。ただし、**清涼飲料水など、糖分を多く含む飲み物はご法度です。ドリンク類（液体状の食品）は、固形物にくらべて急激に消化管に入り、血糖値をスパークさせてしまうのです。**

清涼飲料水のほか、一見、健康によさそうな野菜ジュースやフルーツジュースも、実は糖分が多いので要注意。ヘルシーで美容によさそうなイメージがありますが、飲みすぎないように用心する必要があります。

⑨食後に軽い運動をする

食後の血糖値の急上昇を抑える方法として、運動も効果的です。糖尿病患者の方が、食後に運動をすすめられているのも、そのためです。また、からだを動かしてエネルギーを使うことは、AGEをため込まないことにもつながります。

食後30分〜1時間くらいしたら10分ほど、ウォーキングなどの有酸素運動をしたり、軽くストレッチをしたりするだけでも、血糖値の急上昇を抑える効果が。

これは、おやつにスイーツや甘いドリンクを口にしたあとの〝糖化軽減策〟としても有効です。糖質たっぷりのドリンクを飲んでしまったあとは、ひと駅分、歩いて移動してみてはいかがでしょうか。

⑩過食をしない、急いで食べない

糖質をとり過ぎると、血糖値は急上昇します。ですから、主食や甘いもののドカ食いは禁物。これは、ここまでの解説でもすんなりとご理解いただけるでしょう。

しかし実は、血糖値の上昇のスピードには「食べる量」だけでなく、「食べ方」も大きく関わることがわかっています。**同じ量の糖質をとっても、短時間でとるほど血糖値の上昇スピードは早くなるのです。**

つまり、大急ぎでかき込むような食べ方は、血糖値の急上昇を招くということ。

多忙な仕事や家事に追われ、女性でも〝早食い〟が習慣になっている方は少なくないかもしれません。それでも、可能な限り食事はゆっくりと、よく噛《か》んで、30分以上（できれば1時間以上）の時間をかけて味わうようにしたいものです。

また、食事を抜くことを習慣にするのも避けましょう。「お腹ペコペコ」の状態だと、つい〝ドカ食い〟をしてしまうこともありますし、**食事を抜いて空腹の時間が長く続くと、その後、糖質をとったときに血糖値の激しい急上昇が起こりやすくなります。**

とくに、朝食を食べないのは最悪の習慣といってもよいでしょう。朝食を抜くと、昼食後と夕食後の血糖値が上がりやすくなるという研究報告もあります。

食事はひと噛みを大切にすることが、美と健康につながります。常識としていわれ尽くされていることではありますが、これが、美と健康の王道だと心得ましょう。

紫外線や過度な運動は細胞をどんどんサビつかせる

BEAUTIFUL SKIN

細胞がサビる「酸化」のしくみ

前述したように、美肌菌を増やして活動的にするには、糖化対策だけでは足りません。

糖化とともに、とくに着目したいのは「酸化」という現象。

糖化と酸化のふたつは〝老化の両輪〟ともいわれていて、美しい肌を保ちたいと願う方は、どちらの対策も行うことが必須です。

酸化は、アンチエイジングの分野で、糖化よりもずっと以前から知られている言葉ですが、そのしくみを少し説明しましょう。

簡単にいえば、酸化とは、体の中の細胞が「サビる」ような状態になることです。

「活性酸素」というキーワードを耳にしたことがあるでしょうか。

活性酸素とは、私たちの体内において、酸素を利用した代謝が行われる過程で必ず発生する物質です。普段、呼吸をしているだけでも、絶えず生まれてきます。

老化現象を引き起こす悪者として取り上げられることが多いのですが、体内に侵入した細菌を取り除くなど、からだを守る働きももっています。

Beautiful Skin

ストレスや紫外線で活性酸素が過剰発生する

酸化は、この活性酸素が、ストレス、紫外線、大気汚染、過度な運動などにより、体内に過剰に発生してしまうことで起こります。りんごの切り口が、空気中の酸素に触れて茶色に変色するのは「酸化」が起こったからですが、同じようなことが、私たちのからだのなかでも起きているのです。

酸化を促す活性酸素は、肌のコラーゲンをつくる働きを弱くしたり、表皮で肌を守る働きを担っているメラノサイトという細胞を攻撃したりするため、シミやシワの原因にもなります。

活性酸素は、前述のとおり、酸素を吸っただけでも体内に発生してしまうので、人は生まれてから死ぬまで酸化しているともいわれます。

でも、安心してください。一度起きてしまったら元には戻らない糖化とは異なり、酸化の原因である活性酸素は減少させることができます。

つまり、酸化を防ぐには「活性酸素をできるだけ減らす食事術」をすることがいちばん。

酸化ストレス度や抗酸化力も、「糖化」と同様に、一部のクリニックなどで測定することができます。気になる方は一度測定してみて、それが食事術によってどう改善するのか、チェックしてみるのもいいでしょう。

活性酸素を撃退するのは
コーヒーや赤ワイン

BEAUTIFUL SKIN

酸化を防ぐ食事の「3か条」

では、酸化させないためには、どういった食事の仕方がいいのでしょうか。

酸化対策食事術のポイントは3つ。糖化と違って、多くありません。酸化を減らすためには「抗酸化食品を食べて、防ぐ」ことが基本になるからです。

❶抗酸化食品を食べる

酸化に対抗するパワーのある抗酸化食品は、黒板の文字を消すかのように、酸化したことすべてをナシにしてくれるわけではありませんが、酸化により傷ついた細胞をケアし、新しい細胞をつくろうとする働きをサポートしてくれます。

抗酸化が期待できるのは、ビタミンCやビタミンE、ビタミンAといった抗酸化成分を豊富に含んだ食品。どんなものに含まれているのかを知って、効率的に摂取しましょう。
飲み物をチョイスするときに、抗酸化成分のポリフェノールがたっぷり含まれたコーヒーや赤ワインを選ぶようにするだけでも違います。コーヒーは、新鮮な豆で淹《い》れたコーヒーがベターですが、コンビニのコーヒーでも効果は期待できます。

❷スポーツやレジャーの前後に抗酸化食品をたっぷりとる

同僚とテニスを楽しんだ、家族で海水浴に行った……。そんな日は、活性酸素が大量発生している可能性がありますので、普段以上に意識的に抗酸化食品をとることが必要です。おすすめは、外出する前日と当日のそれぞれ朝・夜に、抗酸化食品を摂取すること。

私も、からだを動かすことが好きで、週末はスポーツをすることが多いですが、そんなときは**前日の夜から緑黄色野菜をモリモリ食べます**。そして、**スポーツした日の夜は、柑橘《かんきつ》類などでビタミンCをしっかり補給します。**

抗酸化成分を含む食品のいろいろ

◎緑黄色野菜（ブロッコリー、ブロッコリースプラウト、トマト、にんじん、ほうれん草など）

◎柑橘類（レモン、グレープフルーツ、オレンジなど）

◎ベリー類（ブルーベリー、ラズベリー、いちごなど）

◎ナッツ類（アーモンド、くるみなど）

◎アボカド

◎にんにく

◎しょうが

◎玉ねぎ

◎黒ごま

◎コーヒー（1日1～2杯）

◎お茶全般

◎赤ワイン（1日1杯）

◎ココア、チョコレート（ともに、カカオ含有率の高いもの）

◎鮭やエビなどの魚介類

◎大豆製品（味噌、納豆など）　ほか

効果UPのポイント

❶一度にたくさんとるよりも、適量をこまめにとる

❷同じ食品ばかりでなく、幅広くいろいろな食品を食べる

また、**心身のストレスでも活性酸素が大量発生しますので、仕事が忙しいときや、精神的ストレスを抱えているときなども、積極的に抗酸化食品をとってください。**

ただ、抗酸化食品を摂取するとき、注意したい点がふたつあります。

ひとつ目は、**柑橘類は、紫外線を浴びる前に摂取するのを避けること。**柑橘類に含まれるソラレンという成分は、紫外線を肌に吸収しやすくし、シミやシワなどの原因になるとともに、光線過敏症（日光アレルギー）を発症させることも。柑橘類を食べるのは夜にして、午前中に摂取するのは、ほかの抗酸化食品にしましょう。

ふたつ目は、**一度にたくさんとろうとしないこと。**抗酸化食品のなかには、一度にたくさん食べるのを控えたいものもあります。たとえば、しょうがやにんにくなどの薬味や、抹茶やココアなどもそうですが、もともと大量に摂取するような食品ではありません。胃腸を壊して栄養がとれなくなると、美肌菌のためにやっていたことが裏目に出てしまいます。何ごとも〝ほどほど〟を心がけたいものです。

❸腸内環境を整えて、自分の抗酸化能力をアップ

腸の専門家でもある私が、とくにおすすめするのがコレ。実は、腸内環境を整えれば、抗酸化は叶うのです。

抗酸化しようと水素水を飲んでいる方がいますが、実は、**腸内細菌の状態がよければ、水素はからだのなかで、6Lくらいつくられているものなのです。**つまり、人間には、もともと抗酸化能力が備わっているんですね。

腸内環境を整えて抗酸化能力を発揮させるためには、食物繊維や発酵食品を意識してしっかりとること、そして便秘をしないことが大切です。

食物繊維の正しいとり方や、便秘をしない食事術を参考に、日頃から腸内環境を整えましょう。

食物繊維をあと5gとれば
美肌菌の棲みかが整う

BEAUTIFUL SKIN

腸がキレイになれば美肌菌が育つ

腸内環境を整えることは、糖化や酸化の抑制にも役立ち、美肌菌が育ちやすい環境をつくることにつながります。その、いちばんの決め手になる栄養素が、腸内をキレイにしてくれる食物繊維です。

そんな食物繊維の正しいとり方を知っておきましょう。

厚生労働省の『日本人の食事摂取基準（2015年版）』によると、女性（18〜69歳）の1日の食物繊維摂取目標は、18g以上。ところが、実際の30〜40代の女性の食物繊維摂取量は1日あたり13gほど（厚生労働省『平成28年国民健康・栄養調査』）。約5g、足りません。

日本人の食物繊維摂取量は、戦前の3分の1に減っています。自分では摂取しているつもりでも、実際には足りていないケースがほとんどだと思われますので、より意識的に、積極的にとることを心がけてください。

食物繊維は、できれば、毎食取り入れたいもの。ベジファースト（食事のはじめに野菜類をとる食事法）を実践したり、セカンドミール効果（1日のうち最初に食べた食事が2回目にとった食事の血糖値に影響を及ぼすという理論）を狙って朝食に食物繊維をとるようにすれば、さらに効果的です。

ちなみに、**食物繊維は、基本的に摂取量の制限はありません。**ただし、健康のためには、ほかの栄養素もとる必要がありますから、食物繊維だけでなく、いろいろな食材をバランスよく摂取するのが理想的です。

食物繊維を取り入れた正しい食事を心がけると、腸内に〝天然のやせ薬〟ともいわれる短鎖《たんさ》脂《し》肪酸《ぼうさん》がたくさんつくられるため、自律神経の機能が高まって代謝がアップし、ダイエットにも役立ちます。

BEAUTIFUL SKIN

「水溶性食物繊維を少し多めに」がベスト

食物繊維には、「不溶性食物繊維」と「水溶性食物繊維」という2種類があることも、ぜひ知っておきたい重要なポイントです。

不溶性食物繊維は、腸のぜん動運動を活発にして排便を促し、便のカサを増してくれます。多く含む食材は、ボソボソとして歯ごたえのあるもの。いんげん豆などの豆類、さつまいもやごぼうなどの根菜、玄米などの穀類などがあります。

一方、**水溶性食物繊維は、善玉菌のエサになるとともに、血糖値の上昇やコレステロールの増加を抑制し、便をやわらかくしてくれます。**多く含む食材は、水っぽくヌルヌルしたもの。わかめなどの海藻類、りんごやバナナなどのフルーツ、しいたけやえのきなどのキノコ類などがあります。

便秘ではない（毎日〜3日ごとにバナナ状の便がするりと出る）場合、つまり健康的な腸がキープできている場合は、水溶性と不溶性は1：1くらいの割合でいいでしょう。ただ、水溶性食物繊維が多く含まれる食品は限られるため、意識して多めにとるようにすると、ベターです。

BEAUTIFUL SKIN

お通じがイマイチなら不溶性食物繊維を増やす

とはいえ、個人で不溶性食物繊維と水溶性食物繊維のバランスを厳密に調整するのは難しいと思います。自分のお通じや腸の状態を見て、バランスをとるくらいの感覚でも問題ありません。

たとえば、**夏バテなどで胃腸の調子が悪いというときは水溶性食物繊維を増やし、便の量が少なく感じたときは不溶性食物繊維を増やし、すっきり便が出ているなら、そのままのバランスをキープすればＯＫ。**

腸の不調は、ほとんどがストレスからくるものですから、あまり細かく設定せずに、気楽に取り組むようにしたいものです。

プルーンやドライマンゴーといったドライフルーツなど、不溶性・水溶性食物繊維をバランスよく含んでいる食材を、食事に取り入れるのもおすすめ。なかでもバナナは、両方の食物繊維を豊富に含み、そのうえ善玉菌を増加させるオリゴ糖もたっぷり。朝食にぜひプラスしたい一品です。

そのほか、最近、大麦の一種である「もち麦」がヘルシー食材としてブームになりましたが、大麦もふたつの食物繊維量をバランスよく含有。とくに、水溶性食物繊維を多く含んでいます。ごはんに混ぜて主食として食べられるので、手軽に取り入れられるのも魅力です。

便秘が改善されれば吹き出物やニキビが消える

BEAUTIFUL SKIN

食物繊維は1日20〜25gを目標に

便秘をしないことは、腸内環境を整える大切なポイント。

私は2012年に便秘外来を開設しましたが、圧倒的に多いのは女性の患者様です。

便秘をすると、腸での消化吸収機能が低下し、肌のすみずみまで栄養が行き渡らなくなり、美肌菌を育む力も弱まってしまいます。

便秘が改善すれば、細胞の新陳代謝もアップするため、吹き出物やニキビが消え、透明感のあるみずみずしい肌に生まれ変わります。


便秘外来の医師として、毎日のお通じを快適にするために、ぜひ摂取してほしいと思うのは、前の項でも紹介した食物繊維。便のもとになり、便の形もつくってくれる食物繊維は、便秘解消には必要不可欠なものです。

日本人の1日の食物繊維摂取基準は18g以上といわれますが、便秘が深刻な方は、さらに多くの食物繊維をとる必要があります。

できれば、**20〜25gを目安に摂取しましょう。** 便秘外来の患者様にも、そうすすめています。これは、レタスなら20玉ほどの量！ 簡単にとれる量ではありませんが、49ページの表も参考に、便秘に悩んでいる方はぜひ実践してみてください。

食物繊維をとっているはずなのに、どうもお腹が張る、便がスムーズに出てこない……。そんなときは、便をやわらかくする水溶性食物繊維ではなく、便のカサを増す不溶性食物繊維を多くとり過ぎている可能性があります。

便秘が長く続く場合は、不溶性：水溶性＝2：8の割合を目安に、水溶性食物繊維を多めに摂取してみてください。

水溶性食物繊維を含むおすすめ食材は、ペクチンが豊富なりんご、バナナ、キウイフルーツ、みかん、いちごなどのフルーツ。

ペクチンは食物繊維の一種で、乳酸菌などの善玉菌を増やしてくれる作用がありま す。皮に多く含まれているので、できれば皮をむかずにいただきましょう。

Beautiful Skin

毎日、2品目以上の発酵食品を食べる

善玉菌がたっぷりの発酵食品も、毎日の食事にプラスしたいもの。腸内環境のバランスを整えてくれるので、便秘の改善に役立ちます。

発酵食品は、味噌、納豆、漬物、甘酒、キムチ、チーズなどいろいろありますが、それぞれ菌の種類が違います。たとえば、味噌や甘酒には麹菌、納豆には納豆菌、キムチには乳酸菌が含まれています。

腸のなかには、細菌が約100兆個、1000種類以上も存在するといわれていま す。ですが、実は善玉菌だけが存在していればいいわけではなく、多種多様な菌がバランスよく共生関係を保っているのが理想的です。

腸内細菌の多様性を維持して、腸内環境を整えるためにも、**発酵食品は1種類だけではなく、毎日さまざまな種類のものをとるのがベストです。最低でも、1日2品目以上、食べるようにしてください。**

乳酸菌が豊富なヨーグルトも、種類が豊富ですが、メーカーやブランドによって菌が異なります。自分の腸に合った菌を含むヨーグルトを見つけたい方は、まずは2週間、同じヨーグルトを1日100〜200g、とり続けてみてください。

それで、便秘が解消したり、バナナ状の便がするりと出るようになったら、そのヨーグルトの菌が、あなたの腸と相性が合うということ。腸の調子に改善が見られなかったら、ほかのヨーグルトも試してみましょう。

BEAUTIFUL SKIN

白砂糖をやめてオリゴ糖を使う

甘味料は、白砂糖のかわりに、オリゴ糖・黒糖・てんさい糖・メープルシロップを使うといいでしょう。精製された白砂糖は血糖値を急激に上げやすく、肌老化を招く糖化にもつながります。

オリゴ糖は、食後の血糖値の上昇を抑えるとともに、腸内環境を整える作用もある、とっても優秀な食材。腸内のビフィズス菌の栄養素となり、善玉菌の繁殖をサポートします。シロップや顆粒《かりゅう》のものなどが市販されており、煮物の調味料やヨーグルトの甘味料として、手軽に使えます。また、オリゴ糖は、バナナやごぼう、はちみつなどの食材にも豊富に含まれています。

そのほか、便秘解消のために習慣にしてほしいのが、朝起きてすぐにコップ１杯の水を飲むこと、それから、毎日朝食をきちんととることです。このふたつの習慣が、腸のぜん動運動のスイッチを入れて、心地よい便意を促《うなが》してくれます。

朝食をつくるのが面倒なら、ヨーグルトやバナナだけでもいいので、何か必ず口に入れること。これは、便秘の方に限らずですが、食欲がないときも、朝食だけは抜かないようにしましょう。糖化を防ぐためにも大切な習慣です。

3日間の断食は美肌菌の育成に効果大

BEAUTIFUL SKIN

美肌菌の棲む環境をリセット！

ファスティングとは、いわゆる「断食」のこと。もともとは精神修行や民間療法として行われてきましたが、最近は、医療分野でも注目を集めています。

短い期間で効率的にダイエットができると人気の、このファスティング。**実は、美肌菌にもいい影響を与えます。悪玉菌でいっぱいの腸をリセットし、美肌菌が育ちやすい腸内環境に整えてくれるからです。**

便秘がひどかったり、腸の調子をすっきりさせたいときは、ファスティングに挑戦してみるのもひとつの方法です。

ただ、医学的に見て、海外セレブなどが発信している酵素ドリンクを使ったファスティングは、おすすめできません。酵素ドリンクは、糖質がたっぷり含まれているものが多いからです。腸内環境を悪化させて、糖化を招くことになりますし、繰り返し使用すれば、糖尿病のリスクも高めます。

水しか飲まないようなハードなファスティングもありますが、逆に自律神経のバランスを崩して、リバウンドしてしまう可能性もあります。**ファスティング初心者は、まずは3日間のプチ断食にトライしてみるのがおすすめです。**

方法は、次のメニューを3日間、続けるだけ。

朝食……バナナとヨーグルト（どれだけ食べてもかまいません）
昼食……サラダのみ
夕食……かつおぶしをかけたおかゆ

これだけで腸内がデトックスされ、便秘が治ってしまうこともありますので、週末などを利用して、ぜひ試してみてください。

「やっぱり、これだけでは空腹に耐えられない！」という方は、腸の善玉菌を増やしてくれる発酵食品を食べましょう。消化しやすく胃腸にやさしいお味噌汁や甘酒のほか、納豆、チーズなどをよく噛んで食べるのもおすすめです。

これはファスティング実践中に限らずですが、咀嚼《そしゃく》をきちんとすることは、消化酵素の分泌量を増やし、腸内環境の改善につながります。また、よく噛む動作により、満腹中枢が刺激されるので、食べ過ぎ防止にもつながりますよ。

「もっと詳しく、ファスティングのやり方について知りたい」という方は、『たった3日で自律神経が整う　Dr．小林流　健美腸ファスティング』（主婦の友社刊）の内容を参考にしてください。

極端な糖質制限は肌にダメージを与える

BEAUTIFUL SKIN

「ばっかり食べ」はフードアレルギーリスクを高める

ここまでにご紹介してきた、美肌菌のための食事術。

「いろいろあって、全部を実践するのは大変」「何からはじめていいのかわからない！」という方は、まずは、和食中心の生活に切り替えてみるだけでも効果があります。

和食にする場合は、昔ながらの和食の基本である、**ごはん、汁物、主菜1品、副菜2品の「一汁三菜」**にするのが理想的です。

スーパーフードだから美容にいいといって、アーモンドばかりを食べるなど、ひとつの食材に偏って食べる「ばっかり食べ」をするのは危険。遅延型フードアレルギー（食物過敏症）になるリスクを高めます。遅延型フードアレルギーは、老化も早めるといわれていますから、美容の面でも大敵ですね。

その点、昔ながらの和食のメニューなら、ひとつの食材に偏らないので、バランスよく栄養を摂取することができます。昔の人にならって、その折々の旬のものを食べるように心がければ、さらにベター。本来は、季節によって食べられるものは限られているんです。だから、「ばっかり食べ」など、できるわけがないんですね。

しかも、和食は、美肌菌が喜ぶ食物繊維とともに、「腸の薬」ともいわれる発酵食品が豊富というのも、見逃せないところ。味噌、醤油、ぬか漬けには、植物性乳酸菌や、酵母などの微生物がいることがわかっています。

そのほかにも、納豆、塩麹、甘酒など、和食のラインナップには発酵食品がたくさん。和食を食生活の中心にすれば、発酵食品が無理なくとれるはずです。

毎食、和食を取り入れるとともに、三食きちんととることが理想的。定期的に腸に刺激を与えることは、便秘の改善にもつながります。

近年、「1日1食健康法」がブームになりましたが、長期的に見れば、生活習慣病の発現率が高くなるのではないかと思います。

栄養やカロリーは、何度かに分けてとったほうが無駄なく、効率的に吸収できるからです。また、1日1食は、食後の血糖値の急上昇も招きやすく、糖化を早めます。

BEAUTIFUL SKIN

お肉を敬遠しないで！　たんぱく質は美の源

炭水化物、脂質とともに三大栄養素といわれるたんぱく質は、美肌菌にも欠かせないもの。肌や髪などの材料となる、重要な栄養素だからです。

たんぱく質が不足すると、細胞の新陳代謝がスムーズに行われなくなるため、肌の老化が進行してしまいます。顔の筋肉も削《そ》げ落ち、たるみにもつながります。

厚生労働省の『日本人の食事摂取基準（2015年版）』によると、18歳以上の女性のたんぱく質の摂取推奨量は50g。その基準を満たすために、「たんぱく質をどんどんとらなくちゃ」と張り切って、プロテインドリンクに頼るのではなく、食事から良質なたんぱく質を積極的にとりましょう。

ところで、この「良質なたんぱく質」という言葉、よく耳にすると思いますが、どういう意味か、ご存じでしょうか。

アミノ酸がバランスよく含まれた、たんぱく質のことです。良質なたんぱく質は、体内での利用効率がよく、余分な老廃物などが出にくいのです。

良質なたんぱく質が含まれている食材には、肉類、魚介類、乳製品、卵類、大豆製品などがあります。大豆製品以外のほとんどが、動物性食品由来のたんぱく質です。

たんぱく質をとるときは、ひとつの食材に偏ることなく、お肉やお魚、大豆など、

いろいろなものをまんべんなく食べてください。同じたんぱく質でもアミノ酸の種類が違ったり、食品自体に含まれている栄養素が異なったりするからです。

たとえば、「太るから」「脂っこいから」という理由で、女性は肉類を敬遠しがちですが、牛肉や豚肉は必須アミノ酸のバランスが整った食材。しかも、赤身には、たんぱく質を効率的に吸収するミネラル分も含まれています。

また、同じく高たんぱく質なサバやサンマ、アジなどの青魚には、肌の代謝や女性ホルモンのバランスを整えるオメガ3脂肪酸がたっぷりです。

「お豆腐を食べているから、たんぱく質はきちんととれているはず」と過信せずに、**植物性・動物性は半々くらいの割合**で、バランスよく摂取しましょう。

ちなみに、鶏のむね肉は高たんぱく低脂肪食品として人気ですが、コンビニなどで販売されているサラダチキンは、食品添加物がたっぷり。あまりおすすめできません。面倒でも、生のむね肉を自分でゆでたほうが健康的だし、おいしいですよ！

それから、注意したいのは、食べた量のすべてがたんぱく質として、からだに吸収されるわけではないということ。

お肉を100g食べたとしても、たんぱく質として体に吸収されるのはたったの10～20gほど（食品の重量に対して、おおむね10～20％ほど）です。

BEAUTIFUL SKIN

炭水化物の過剰制限は逆効果

数年前から流行っている糖質制限ダイエット（炭水化物抜きダイエット）。実践者のなかには、ごはんや麺などの主食をまったくとらないという、極端な人もいるとか。

炭水化物を過剰に制限することは、腸の専門家としておすすめできません。美肌菌にも悪影響を与えます。

なぜなら、食物繊維の摂取量が減ってしまう可能性があるからです。

炭水化物は、糖質と食物繊維で構成されていることをご存じですか。

つまり、**炭水化物＝糖質＋食物繊維**ということ。炭水化物と糖質はイコールだと勘違いされる方もいますが、糖質は、炭水化物の一部なのです。

糖質と食物繊維の割合は、炭水化物の種類によって異なります。白米やパンは、確かに食物繊維が少ない炭水化物です。

しかし、**同じ炭水化物でも、白米にくらべて玄米には約6倍、雑穀米に含まれる大麦には約20倍の食物繊維が含まれています。また、食パンにくらべて、全粒粉のパンは約3倍の食物繊維が含まれます。**

糖は、脳などの神経細胞のエネルギー源として必要な栄養素ですが、糖質のとり過ぎは糖化を招きますので、もちろん過剰な摂取は厳禁。

でも、糖質を恐れるあまりに、「炭水化物はすべてダメ！」と制限してしまうと、食物繊維が不足しがちになることに。

とくに、玄米などの穀類は、少量で食物繊維がきちんと摂取できるうえ、ビタミンやミネラルなどの微量栄養素も豊富な、すぐれた食材。ちょっと小腹がすいたときに、糖質ばかりのコンビニの菓子パンではなく、玄米のおにぎりを選ぶようにすれば、炭水化物でもしっかり食物繊維がとれるのです。

さらに、興味深い研究報告もあります。古代から農耕民族として生きてきた日本人は、穀類を栄養源とする菌が腸内にたくさん棲んでいるというのです。炭水化物を悪者とみなすことで、私たちは大事な栄養源を絶ってしまっているのかもしれません。

ちなみに、極端な糖質制限実践者たちが控えがちな根菜類にも、食物繊維が豊富に含まれています。根菜もまた、日本人が古くから好んで摂取してきた食材です。

糖質制限ダイエットで代謝がダウン

また、ダイエットという観点からも、極端な糖質制限はおすすめできません。**糖質をまったくとらなければ、一時はやせますが、それは腸内環境を悪化させることにもつながります。**

腸内環境が悪化すると、基礎代謝の低下を招くので、リバウンドしやすい体質になってしまうのです。

食物繊維の優秀性は、本書のさまざまなところで触れていますが、腸内環境を整えて便秘を防ぐのはもちろん、食後の血糖値の上昇をゆるやかにして糖化も防止します。とにかく、さまざまな病気や老化の予防に役立ちます。

炭水化物を敵視せずに、むしろ、食物繊維が豊富に含まれた「よい炭水化物」を積極的にとっていただきたいと思います。ポイントは、41ページでも触れたように、**見た目が白いものではなく、茶色のものを選ぶこと**です。

そして、糖質たっぷりの「悪い炭水化物」は、まったく禁止するのもストレスになりますから、ときどき食べるに留め、習慣化させないこと。

美肌菌のためにも、大切な食事術のひとつです。

BEAUTIFUL SKIN

話題のグルテンはわからないことも多い

「グルテンフリー」という表示を、よく見かけるようになりました。

グルテンフリーは、テニスプレーヤーのノバク・ジョコビッチ選手が、自身の肉体改造のためにはじめた食事法です。その方法を綴《つづ》った書籍は、日本でも大ヒット。また、ミランダ・カーなどのトップモデルたちが実践したことでも話題になりました。

果たして、このグルテン、美肌菌にも悪影響を与えるのでしょうか。

実は、グルテンについては、まだわからないことも多いのです。

グルテンは、小麦などに含まれるたんぱく質の一種。パン、パスタ、ピザ、うどん、天ぷらの衣、パンケーキなどに含まれています。

グルテンフリーとは、それらを食べずに、米やそば、肉、魚、野菜、フルーツなどを摂取するという食事法です。

グルテンと糖質を混同される方が多いのは、糖質制限ダイエットの制限対象のひとつであるパンなどに、含まれているからでしょう。

「グルテンフリー」は、小麦粉を使っていないというだけ。小麦粉のかわりに使った米粉などに糖質は含まれていますから、「糖質フリー」という意味ではありません。

グルテンフリーは、もともとグルテンアレルギーの方のための治療食でした。ジョコビッチ選手も、グルテンにアレルギーをもっていたのです。

そばアレルギーの方がそばを避ければ、具合が悪くならないように、グルテンにアレルギーをもった方が、グルテンフリーを実践すれば、体調はよくなります。

でも、そうではない方がグルテンフリーを無理に選ぶ必要はないように思います。

「グルテンが腸に悪影響を及ぼす」「からだの不調を招く」と警鐘を鳴らすドクターたちもいますが、それを真っ向から否定しているドクターたちも多いのです。

ましてや「パンを食べたら絶対に健康を害する」などという医学的根拠は、いまのところ、存在しません。

また、日本人のグルテンアレルギーも、若年層にはやや増えてきましたが、それでも欧米人にくらべるとまだ少数。

グルテンアレルギーなどの遅延型フードアレルギーは、ひとつのものを集中的に食べることで起きることが多いのですが、日本人は小麦製品だけを主食にしているわけではないからです。つまり、過剰に気にする必要はないということ。

とはいえ、グルテンに関しては、本当にアレルギーをもっている方もいます。どんなものにアレルギーが発生するかは、家族間でも異なります。

グルテンアレルギーをもっているかどうか気になる方は、期間を決めて、自分自身でチェックしてみるといいと思います。

2週間ほどグルテン（小麦製品）を絶ってみて、体調がよくなるようであれば、アレルギーをもっている可能性があります。グルテンフリー生活を続けてみてもいいかもしれません。

なお、グルテンアレルギー（グルテン不耐症やグルテン過敏症）は、一部の医療機関で検査が可能です。現在のところ、保険適用外のため自費診療となりますが、これらの検査を受けて、医師のアドバイスを聞いてもよいでしょう。

BEAUTIFUL SKIN

Q & A

もっと詳しく知りたい！

美肌菌の種類と働き

美肌のカギをにぎる「美肌菌」。ここまでの解説で、食事で腸内環境を整えることが、美肌菌の棲む〝家〟を快適にすることにつながると理解していただけたかと思います。では、その「美肌菌」の正体とは？ どこにいて、どんな働きをしているの？――美肌菌について、Q＆A形式でより詳しく学んでいきましょう。

Q 美肌菌って何ですか？

A

巻頭でもお伝えしましたが、この本では、肌の美しさに直接的、あるいは間接的に関係している菌を「美肌菌」と総称しています。おもに、腸内に存在する善玉菌（103ページ表1参照）と、肌に存在する常在菌（108ページ表2参照）を意味します。前者が〝内側の美肌菌〟で、後者が〝外側の美肌菌〟といえるでしょう。

Q　内側の美肌菌と、外側の美肌菌は、どう関係し合っているのですか？

A

腸内細菌はからだのさまざまな機能や、健康レベルに関係しています。もちろん、肌の健やかさ、美しさにも大きく関係します。

医学的には、「腸内の〇〇〇という菌の数が増えると、肌のうるおいのもとになる菌の数も増える」というような、直接の関連性を示唆《しさ》する研究はまだ、なされていません。しかしながら、腸内細菌のバランスが整う（善玉菌が優勢になる）と、血流が改善し、自律神経のバランスが整い、免疫機能の働きが改善することがわかっています。

血流が改善すれば肌のすみずみにも栄養が行き渡るようになり、外側の美肌菌が正常に働ける条件が整います。

また、自律神経のバランスが整えばメンタルが安定し、肌の状態も安定しますので、外側の美肌菌が棲みやすい環境を維持することができます。

さらに、免疫力がアップすることで肌細胞のバリア機能が強化されますので、肌荒れや敏感肌などのトラブルは解消するでしょう。

このように、内側の美肌菌は、外側の美肌菌の働きを〝裏方〟としてアシストしていると考えてください。

Q　腸内環境が悪いと肌が荒れるのはなぜ？

A　腸のなかが悪玉菌優勢の状態であったり、便秘によって古い宿便がたまってしまっていると、それらの老廃物が血液にのって、栄養素とともに全身に送られてしまいます。

ところが、こうしたドロッとした質の悪い体液は、細胞に取り込まれることはなく、細胞と細胞の間にあふれ出るような形で蓄積されていきます。顔に関していえば、むくみやたるみを引き起こし、老け顔の原因になってしまいます。

ちなみに、まだ医学的に実証はされていないのですが、「人体で働くさまざまな菌たちの司令塔になっているのが、腸内細菌である」という説があります。今後の研究が待たれるところですが、私たちの健康や美容のベースにあるのが「腸」であるということは、これまでの臨床経験においても大いに実感しています。

Q 腸内細菌のうち、美肌に関係するものにはどんな種類がありますか？

A 私たち人間の腸内細菌は1000種類以上、約100兆個もの数が生息しており、そのうちの約20％が善玉菌、約10％が悪玉菌、残りの約70％がそのときどきで働きを変える日和見菌《ひよりみ》といわれています。このうち、善玉菌はすべて、健康的で美しい肌に欠かせない「美肌菌」だといっても過言ではないでしょう。

腸内に存在する善玉菌のうち、代表的なものが乳酸菌、酪酸菌《らくさん》、ビフィズ

表1　美肌に関係するおもな腸内細菌

菌の種類	働き	美肌への効果
乳酸菌	酪酸菌と共生することにより活発に増殖して腸内の有害菌を抑制する。	整腸作用があり、腸内環境が整うことで栄養の吸収がよくなる。その結果、末端の肌や髪にも十分な栄養が行き渡るようになる。また、便秘が改善されることで体内の不要な物質や有害物質がきちんと排出されるようになり、肌荒れしにくくなる。
酪酸菌	腸粘膜の健康に大切な短鎖脂肪酸をつくり出す。	腸内に酪酸菌が多いとアレルギー症状が抑えられ、免疫力がアップするなど、トラブルに強い健康な肌づくりには不可欠。また、ダイエット効果もあるといわれており、美容のためにはとくに重視したい菌。
ビフィズス菌	ビタミンB群やビタミンK、強い殺菌力をもつ酢酸などをつくり出す。	ビフィズス菌が作り出すビタミンB群は、美肌づくりに欠かせない成分。ビタミンB_2は肌のターンオーバーを促し、B_6は炎症予防作用、皮脂分泌量のコントロール作用などで肌荒れを防ぐ働きがある。
糖化菌	腸内の乳酸菌、酪酸菌、ビフィズス菌などの有益菌を増やす。	糖化菌が炭水化物（でんぷん）からつくり出す糖が、ビフィズス菌や乳酸菌などのエサになる。美肌づくりのカギとなる善玉菌の増殖をサポートする役目を担う。

ス菌、糖化菌といった種類です（表1）。これらの善玉菌が助け合って腸内細菌叢《そう》を整えています。

日和見菌にはレンサ球菌、バクテロイデスなどの種類があります。これらの菌は体調の変化に応じて、優勢な側につくのが特徴。体調管理がよく、腸内で善玉菌が増えると、善玉菌の味方をしてくれます。

逆に、悪い食習慣や不摂生で悪玉菌が増えると、一転して悪玉菌の味方になってしまいます。

Q

自分の腸内細菌の状態がいいのか悪いのか、簡単にわかる方法はありますか？

A

「気持ちのよいお通じ」があるかどうかでわかります。実は、毎日必ずお通じがあるかどうかは関係ありません。

たとえ毎日便が出ていても、硬いコロコロとした便しか出ない、残便感がある、力まないと出ないといった状態なら、それは便秘であり、腸内細菌の状態がよくないサインです。

また、いつもゆるゆるの便ばかり出る、お通じの際にキレが悪くすっきりしないなど、下痢に近いタイプの場合も同様です。

毎日、または3日に一度程度でも、スッキリと気持ちのよいお通じがあれば、腸内細菌の状態はよいといえます。

Q 肌にいる菌が少ないほど、肌はキレイになりますか？

A

一般的に、菌というと「雑菌」を連想し、有害なもの、汚いものというイメージがあるかもしれませんが、決してそんなことはありません。

腸内細菌でいうところの「善玉菌」「悪玉菌」のように、人体によい働きをしてくれる菌があれば、悪さをする菌もあるのです。また、単純に「善玉」「悪玉」とは言い切れない菌もたくさんいます。

たとえば、皮膚の常在菌（人体に存在している菌で、病原性のないもの）のうち、「アクネ桿菌《かんきん》」は、皮膚を弱酸性に保ち、悪い細菌が増殖するのを抑える役目を果たしています。

しかし、このアクネ桿菌が何らかの原因によって過剰に増えてしまうと、ニキビなどの原因となるのです。

つまり、大事なのは「バランス」だということ。「徹底的に洗顔して、肌から菌を排除すれば美肌になる」などということはありません。

Q　肌の常在菌は、どんな働きをしているの？

A　私たちの皮膚には多くの常在菌が棲んでいますが、代表的なものが表2（108ページ）に掲げた「表皮ブドウ球菌」「アクネ桿菌」「黄色ブドウ球菌」の3種類です。

これらの菌は共生しながら、菌のもつ酵素により皮脂を分解して、皮膚を保護する物質をつくり出し、バリア機能を保つ役目を果たしています。

表2　肌の常在菌

菌の種類	働き	菌のバランスを崩す NG習慣
表皮ブドウ球菌	皮膚表面や毛穴に存在する。汗や皮脂をエサにして、美肌に欠かせないグリセリンや脂肪酸をつくり出す。グリセリンは、肌の保湿成分として働き、皮膚のバリア機能を高める。脂肪酸は、肌を弱酸性に保ち、抗菌ペプチドという物質を作り出すことでニキビなどの肌荒れを防ぐ。	顔の洗いすぎ、洗顔料や洗浄料の過剰使用、長時間の入浴、無理に角質を落とすようなセルフケア（はがすタイプのパックやピーリングのやりすぎ）など。
アクネ桿菌	毛穴や皮脂腺に存在し、皮脂をエサにしてプロピオン酸や脂肪酸をつくり出す。これにより皮膚が弱酸性に保たれ、肌トラブルのもとになる細菌の増殖が抑えられる。一般的にはニキビの原因として悪者扱いされるが、過剰に増殖しなければニキビの原因にはならない。	洗顔・洗浄不足（ただし顔の洗いすぎもNG）、脂っこい食べ物のとりすぎなどの偏った食生活、不規則な生活習慣、ストレス。
黄色ブドウ球菌	皮膚表面や毛穴に存在する。存在しているだけではトラブルにならないが、紫外線やストレス、タバコ、過剰なスキンケアなどによって皮膚がアルカリ性に傾くと、増殖して肌荒れやアトピー性皮膚炎などの問題を引き起こす。	紫外線、ストレス、喫煙、過剰なスキンケアなど皮膚への刺激。

Q　菌によって肌トラブルを受けるのはどんなとき?

A

湿疹《しっしん》や傷などで表皮が破壊されると、外から悪さをする菌が入り込み、肌トラブルが起きます。

また、全身の問題として、免疫力が低下しているときにも菌が入り込みやすくなり、肌トラブルが起きやすくなります。病的な要因ばかりでなく、睡眠不足、疲れ、ストレスといった日常的なことでも免疫力は低下します。

さらに、先に説明した常在菌のバランスが崩れることでも肌の状態は悪化します。そのため、肌も腸と同様に、菌のバランスを崩さないように生活する工夫が必要です。

Q 肌の常在菌のバランスで、いちばん重要なのは？

A

肌の常在菌のうち、美肌を保つためにもっとも重要な働きをしているのが、表皮ブドウ球菌です。

したがって、肌のケアにおいては「表皮ブドウ球菌の数を減らさない」ということが最大のポイントになります。

NGなのはズバリ、「顔の洗い過ぎ」。1日のうち何度も洗顔する、強力な洗浄力をもつ洗顔料を毎日使うなどの行為が、表皮ブドウ球菌の数を減らしてしまいます。

なお、正しい洗顔方法については第3章でも解説していますので、その内容も参考にしてください（154ページ参照）。

また、表皮ブドウ球菌は、肌表面の角質層に存在しているため、無理に角質を落とすようなケアもご法度《はっと》です。スクラブ入りの洗顔料や、はがすタイプのパック、市販のピーリング剤などを愛用している人は、使用頻度を多くても週に1回程度に控えるようにしましょう。

Q その他、常在菌のバランスで気をつけるべき点は？

A 表皮ブドウ球菌の数を減らさないことに加えて、過剰増殖によって肌トラブルを引き起こすアクネ桿菌、黄色ブドウ球菌が増えないように気をつける必要もあります。

これらの菌は、紫外線、タバコ、合わない化粧品、スキンケアのやり過ぎといった外部刺激のほか、バランスの悪い食事、不規則な生活習慣、ストレス、不衛生などによって増え過ぎてしまいます。これらの要素をできるだけ避けるようにしましょう。

もっとも気をつけるべきは、やはり洗顔。悪玉菌である黄色ブドウ球菌を増やさないように清潔を保ちながらも、肌をトラブルから守る役割も担っているアクネ桿菌を減らし過ぎないような「正しい洗顔方法」を知ることが必須です。丁寧さを心がけつつ、洗顔のし過ぎや、ゴシゴシ洗いは絶対に避けるようにしましょう。

BEAUTIFUL SKIN

第2章

美肌菌育成プログラム

もっと早く結果が欲しい、という方に美肌づくりの〝特効・3ステップメソッド〟

前章では、美肌を育てる食事術について解説してきました。日々口にする食べ物は人間の細胞をつくる材料になるものですから、「正しい食事」を知っておくことは本当に重要です。

ただ、食事面の改善だけでは、変化はゆっくり。

「もっと早く結果がほしい！」と思う方も、きっと多いはずです。

そこで、この章では、より効率的に、スピーディに美肌を叶えるための実践的ケアをご紹介したいと思います。**第1章の食事術にプラスして実践することで、美肌への**

近道になる〝特効メソッド〟です。

詳しいやり方は追って説明していきますが、全部で3ステップ、所要時間はそれぞれたった1分ほど。誰でも簡単にはじめられる、お手軽な内容です。

- STEP1　腸を元気にして働きをよくする**「腸マッサージ」**
- STEP2　リンパ・血流の流れを改善して代謝アップ！**「股関節ストレッチ」**
- STEP3　自律神経のバランスが瞬時に整う**「2：1呼吸法」**

さらに、このSTEP1〜3に加えて実践すると**さらに美肌効果がアップする「頭皮&顔筋マッサージ」**もご紹介します。

これらはすべて、クリニックに訪れる患者様にも実際におすすめしているもの。さらに、私自身も日々実践して高い効果を実感している、自信のメソッドです。

肌はアクター、脳はディレクター、腸はプロデューサー

さて、実際のハウツーに入る前に、なぜ「肌」以外へのアプローチが必要なのかをお伝えしておきたいと思います。

美肌のメカニズムを映画製作にたとえるなら、**肌は表舞台でパフォーマンスをするアクター（役者）、脳は役者に指示を出すディレクター（監督）、腸は全体の統括をするプロデューサー（制作者）になぞらえることができます。**

アクターの実力や個性だけでは、作品は成立しません。

ディレクターのクリエイティビティや的確な現場指揮があってはじめて、アクターは映画の役柄を演じ、作品のなかで輝くことができます。

さらに、プロデューサーがスポンサーを集め、資金を調達して、プロジェクトを俯《ふ》

瞰《かん》で見ながら映画製作の「土台」をつくってくれるからこそ、役者や監督は思う存分に実力を発揮できるのです。

これら全員の働きがよければ、素晴らしい作品ができあがりますね。

実は、私たちの肌の〝舞台裏〟でも、同じことが起こっています。

肌は、表舞台に立ってパフォーマンスをするアクター。「私はこんなに元気です」というように、ほかの人にも見えるようなお仕事をしている存在です。

脳は、その肌のパフォーマンス、つまり「仕事ぶり」について指揮監督をしているディレクターです。

腸は、肌と脳の働きを支えるプロデューサー。全体を俯瞰して、裏方でさまざまな面を調整する統括管理者、あるいは総合責任者たる存在です。

肌のパフォーマンス（＝調子）は、脳のディレクションによって変わります。一流の役者をキャスティングしても、監督の腕が三流ならば、その映画は三流の作品になってしまいますね。

また、腸のプロデューサーとしての働きが悪い場合、肌や脳は実力を発揮できません。役者と監督が一流でも、プロデューサーが企画、資金集め、宣伝などの調整に失敗してしまったら、その作品は成功しないでしょう。

ちなみに美肌菌は、この主要3者をアシストするために、それぞれの持ち場で働くスタッフのような存在だといえるかもしれません。素晴らしい作品をつくりあげるためには、まずはこの3者がしっかりして、スタッフがのびのびと自分の仕事に専念できる環境をつくってあげなければいけません。**美肌菌も、肌、脳、腸のベストコンディションが保たれてこそ、各自の持ち場で、生き生きと活動できるのです。**

興味深いのが、現場監督である脳には「勘違い」しやすい一面があるということ。

たとえば、女性は恋をすると肌ツヤがよくなり、急激にキレイになることがありますね。これはまさに、脳の働きによる作用。脳がごきげんになると、スピーディに美肌が叶うのです。

このあとの第3章で、「自分を褒《ほ》める」という習慣をすすめています（188ページ参照）。実はこれも、脳の〝勘違い力〟を活用した特効テクニック。**脳をポジティブでハッピーな状態にすることは、美肌への近道になります。**

一方で、脳は、間違った方向に勘違いをすることもあります。

たとえば、「ミランダ・カーが○○を食べてキレイになった」というような情報を耳にして、それを実践してみたという経験がある人も多いのではないでしょうか。「○○を食べるとキレイになるらしい。試してみよう！」というのは脳の判断によるものですが、実際には、その情報に医学的根拠がないケースも多々あります。

そのときに、「これはからだにとって役に立たないものだ」と正しい取捨選択をしてくれるのが腸という存在。からだにとって有用なもの、必要ないものを、意志と関係なく判断してくれるという、すごい臓器なのです。

腸がきちんと働いてくれていれば、脳がときどき勘違いのディレクションをしたとしても、肌はその弊害を受けずに、いい演技ができるというわけです。

Beautiful Skin

3ステップをまずは2週間、続けてみて！

この章で紹介する3ステップ＋αのメソッドは、肌、脳、腸の調子を整えて、それぞれの働きぶりをぐんとアップさせるためのコンディショニング術です。

手順や実践上のポイントは122ページから順番に解説していきますので、さっそく今日から始めてみてください。

肌のターンオーバーの周期は、基底層でつくられた角化細胞が角質細胞になるまでに14日、角質細胞が角片となって表皮からはがれ落ちるまでに14日と、2週間ずつのサイクルを繰り返しながら生まれ変わっていく、といわれています。

また、腸内環境の生まれ変わりも2週間がひとつの目安。

第1章の食事術、そしてこの第2章のメソッドを、まずは2週間を目標に続けてみてください。ひとつのサイクルを経て生まれ変わる腸内環境、そして肌細胞がどのように変化していくか――。ぜひ、楽しみにしていてくださいね！


なお、30〜40代以降の世代では、新陳代謝の周期が前述した日数よりも多少長くなる場合もあります。これは、年齢を重ねるごとに細胞の働きが弱くなってしまうため。それでも、この本でご紹介する内容をまずは2週間、さらに2週間、そして3か月、半年……と続けていけば、間違いなく肌の状態は改善されます。

この先も、一生つきあっていく自分の肌。焦らず、長い目で見てあげることも忘れないでくださいね。

BEAUTIFUL SKIN

STEP 1

腸を元気にして働きをよくする「腸マッサージ」

口から入れた食べ物は胃で消化され、腸で栄養が吸収され、その後、血液にのって全身の細胞へと運ばれます。腸の状態や働きがよければ、栄養がスムーズに運ばれ、肌も生き生きとしてきます。

一方、腸の働きが悪いと、食事から摂取した栄養が十分に吸収されずに、体内で栄養不足の状態が生じます。その栄養不足の影響を受け、肌も老化してしまいます。

また、便秘などのトラブルを抱えた腸では有害物質が発生し、これがニキビや吹き出物などの肌トラブルの原因となります。

美肌を手に入れたいなら、肌に化粧品を塗ったり、肌をマッサージしたりするのと同じくらい、あるいはそれ以上に入念に、腸もケアしてあげる必要があるのです。

ＳＴＥＰ１のマッサージは、働きの弱まった腸に刺激を与えることで、腸を元気に、活性化させる効果があります。

腸内環境を改善するためには、第１章で解説した食事術がもっとも重要になるのですが、同時に、次ページから紹介するマッサージによって外から刺激してあげることで、腸の活性化を、よりスピーディに促してあげることができます。

さらに、上半身を左右にねじったり、脇腹を伸ばしたりするストレッチも行うと腸のぜん動運動がより促されます。

余裕があるときには、ぜひ、マッサージとあわせて実践してみてください。

STEP 1

腸マッサージのやり方

HOW TO

「天枢」「大巨」のツボ（左図参照）のあたりを中心に、それぞれ1分間ほど指を押し込むようにマッサージします。とくに天枢のツボ周辺を入念にすると、腸の働きや代謝がアップします。

◎ POINT

中指の腹を使って、左右同時に優しく押します。

[正面]

◎ POINT

その他、自分が「痛気持ちいい」と感じる部分は腸がこわばっている箇所なので、入念にマッサージしましょう。

天枢《てんすう》

おへそから左右真横に指3本分(*)ほど離れた位置。腸の働きを活発にする。

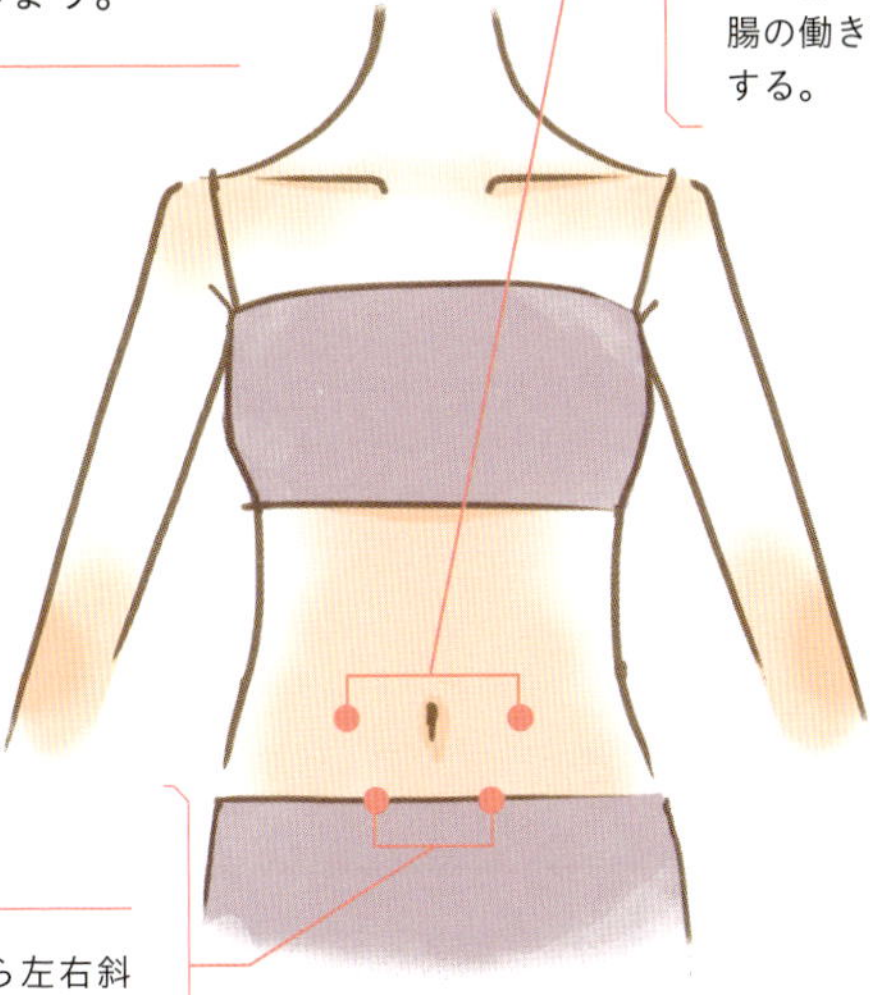

大巨《だいこ》

おへそから左右斜め下に指3本分(*)ほど離れた位置。便秘に効果を発揮。

*人差し指、中指、薬指の3指が並んだ4～5cm前後の幅。

ADVICE

食後30分ほど経った頃にマッサージすると、腸の働きの助けになります。ただし、食事の直後は避けて。

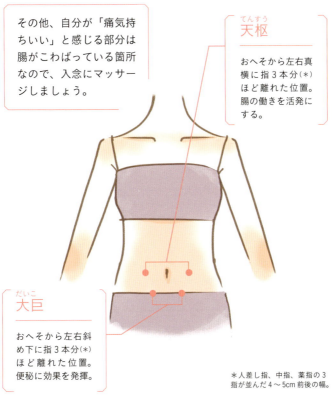

BEAUTIFUL SKIN

STEP 2

リンパ・血液の流れを改善して代謝アップ！「股関節ストレッチ」

腸の状態がよくなれば肌もキレイになるのですが、老廃物を運ぶリンパ液の流れが滞っていると、腸と肌のよいやりとりが妨げられてしまいます。

リンパ液が流れる管をリンパ管といい、リンパ管は血管と同様に、全身にくまなく分布しています。

さらに、このリンパ管がたくさん集まっている中継地点をリンパ節といい、わきの下、首や鎖骨《さこつ》、脚のつけ根、ひざの裏などに大きなリンパ節が存在しています。

これらのなかでも、とくに重要なのが、脚のつけ根にある「鼠径《そけい》リンパ節」。

現代はデスクワークで1日中座りっぱなしの人が多く、この部分がつねに圧迫を受けている状態なのです。さらに運動不足も重なり、ますます悪循環に。

鎖骨や首筋など、顔の近くのリンパケアを熱心にしている女性は少なくないのですが、実は、それだけでは不十分。リンパの流れは、一部分でも詰まってしまうとその滞りが全身に影響し、結果として、美容にも悪影響を与えます。

鼠径部というと、顔からは遠い部位なので「美肌に関係あるの？」と思うかもしれませんが、大いに関係があります。全身において老廃物が滞《とどこお》りなく運ばれ、その排泄がうまくいっているかどうかということが、肌の美しさに大きく影響するのです。

これを改善するのがＳＴＥＰ２の股関節ストレッチ。**リンパだけでなく、全身の血流もよくなりますから、代謝が上がり、肌細胞の生まれ変わりも促進されますよ！**

STEP2

股関節ストレッチのやり方

HOW TO

赤ちゃんがハイハイするときのような四つん這《ば》いの状態になり、その姿勢から、片足10回ずつ、曲げ伸ばしを繰り返します。

❶両手両膝をついて、四つん這いの姿勢になります。

◎ POINT

ひざを傷めないように、ヨガマットやベッドの上などで行いましょう。

❷❶の姿勢から、片足を後方に大きく延ばします。

◎ POINT

ひじが曲がらないように注意。背中もなるべく丸まらないように。

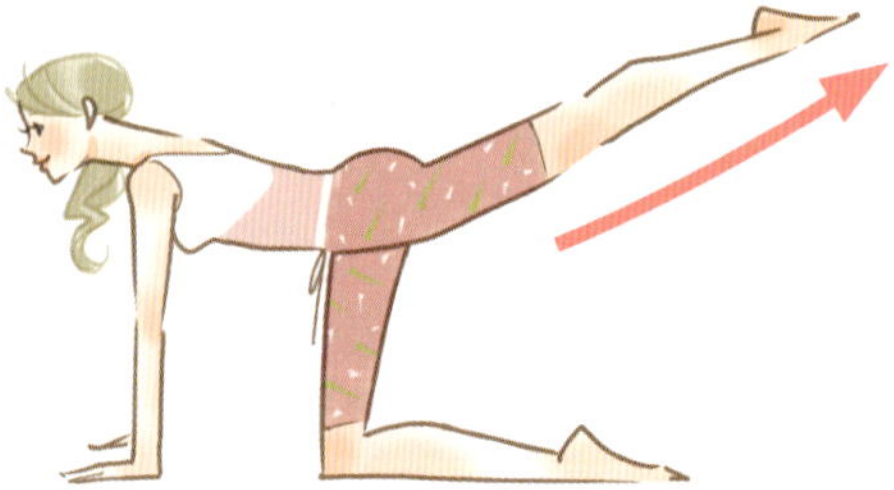

❸ 伸ばした足をいったん元の位置に戻し、❷〜❸の動作を連続して10回ほど行います。

◎ POINT

このとき、ひざは床につけずに、宙に浮かせた状態のままでキープ。

❹ 次に、もう片方の足も同様に10回、曲げ伸ばしを繰り返します。

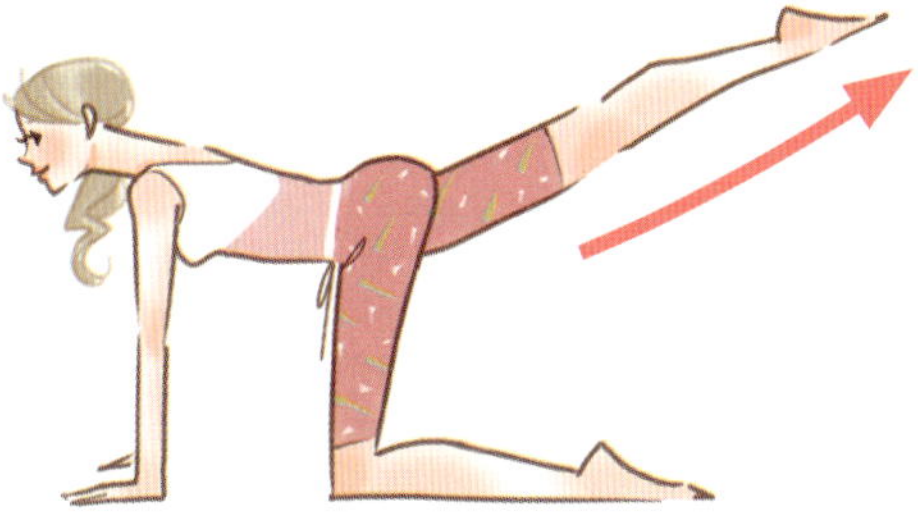

ADVICE

鼠径部のリンパを流すにはマッサージするよりも運動のほうが効果的。また、このエクササイズには、便秘で下垂した腸を正常な位置に戻す効果も。

BEAUTIFUL SKIN

STEP 3

自律神経のバランスが瞬時に整う「2：1呼吸法」

全身の血液循環、つまり「血のめぐり」も美肌と健康のカギのひとつ。この「血のめぐり」をコントロールしているのが、自律神経です。

たとえば、寝ているときも呼吸が止まらず、心臓が動いてくれること。

食事をすると、自然に胃腸が働いて、食べ物を消化・吸収してくれること。

これらが日々、絶えず繰り返されているのは、自律神経の働きのおかげ。呼吸、代謝、内臓の働きや体温や血圧の調節など、人間が生きるために必要なメカニズムをすべて、コントロールする役割を担っているのです。

自律神経には、心身を緊張させて戦闘モードにする「交感神経」と、心身をゆるめてリラックスモードにする「副交感神経」があります。

美容の面から見ても、この両者のバランスがとれていることが重要なのですが——問題なのは、現代人のライフスタイルでは、どうしても交感神経が優位になってしまうこと。意識せずにいると、副交感神経の働きは低下する一方です。

さらに、交感神経の活動レベルは加齢の影響を受けることがないのに対し、副交感神経は加齢の影響を受けます。**男性は30歳以降、女性は40歳以降から、副交感神経の活動レベルが徐々に低下していくことがわかっているのです。**

私たちの意思とは無関係に働いている自律神経。はたして、それを意識的にコントロールして、働きぶりを改善することはできるのでしょうか。

実は、それを可能にするのが「呼吸法」なのです。

呼吸を変えることによって自律神経が整う様子は、「バイオフィードバック・トレーニング」という専門の測定機器にかけることで、医学的にもモニターが可能です。

STEP3の「2：1呼吸法」は、「吐く」と「吸う」を2：1の長さにして、ゆっくりと深く呼吸するという方法。これにより副交感神経の働きが回復し、乱れた自律神経のバランスが整うのです。


余談ですが、**「落ち込みがちで元気が出ない」というときには、「吐く」と「吸う」を1：1にする速めの呼吸を試してみてください。**交感神経の働きが上がって、脳の〝やる気スイッチ〟が入ります。苦しくならない程度に、10〜20回ほど繰り返してみるだけでも効果が感じられるはずです。

STEP3

2:1 呼吸法のやり方

HOW TO

1分間、「吐く：吸う」が2：1の長さになるように呼吸します。最初は「吐く」から始めてください。

❶体内の空気を出し切るようにイメージしながら、ゆっくりと4つ数えながら息を吐きます。

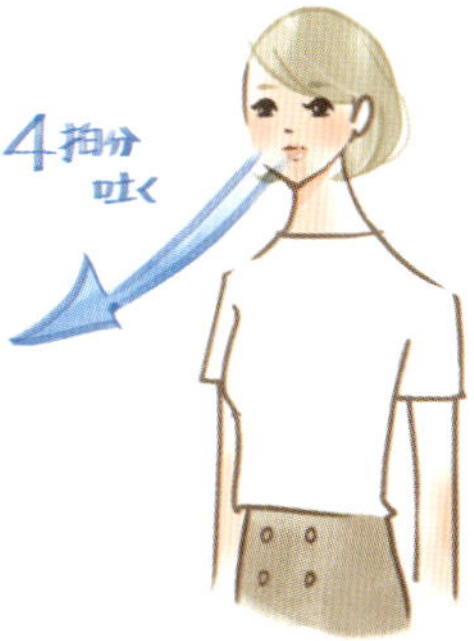

❷次に、今度は2つ数えながら息を吸います。
❶〜❷の呼吸を1分間ほど続けてください。

BEAUTIFUL SKIN

ONE MORE STEP!

〝ここぞ〟のときに即効性抜群！「頭皮&顔筋マッサージ」

基本のSTEP1～3に加えて、即効性抜群のスペシャルケアも紹介します。

顔には、30種類もの筋肉が存在しています。身体と同様に、顔の筋肉も、こっているポイントをしっかりほぐしてあげると、若返りの効果が期待できるのです。

さらに、顔の筋肉を引き上げる役目を担《にな》っている頭皮のケアも重要。**頭皮がこっていると、顔を引き上げる力が低下するため、〝老け顔〟が進んでしまうのです。**

それを防ぐのが、この頭皮&顔筋マッサージ。
こまめに行うことで、次のような効果が期待できます。

①むくみがとれて小顔になる

老廃物や余分な水分の滞りが原因で起こる、顔のむくみ。マッサージでこの滞りを解消し、むくみがとれれば、フェイスラインや目鼻立ちがすっきりします。

②たるみが解消されてハリが出る

顔のたるみは、顔の筋肉の衰えが原因。マッサージで刺激を与えることで、筋肉のコリがほぐれ、弾力がよみがえります。気になる箇所があれば、そこを重点的に。

③クマやくすみが改善して顔色がよくなる

筋肉をマッサージすると血管に圧力がかかり、血液の流れがよくなります。顔全体の血行不良が原因で起こるクマや、くすみの改善にも効果大。また、新陳代謝が活発になるので古い角質がはがれ落ちやすくなり、肌の透明感が増します。

ONE MORE STEP!

頭皮&顔筋マッサージのやり方

HOW TO

手でグーの形を作り、関節の山のところで、左ページに示したポイントを中心にマッサージ。上に引き上げるようなイメージで、全体で1～2分を目安に行います。

◎ POINT

第2関節の山の部分を使って、頭皮や顔の筋肉をグリグリとほぐしていきます。

ADVICE

朝、起床後に行えば、むくみ解消に効果的。すっきりした顔でメイクすることができます。その他、デート前や写真撮影の前など、ニーズに合わせ実践して。

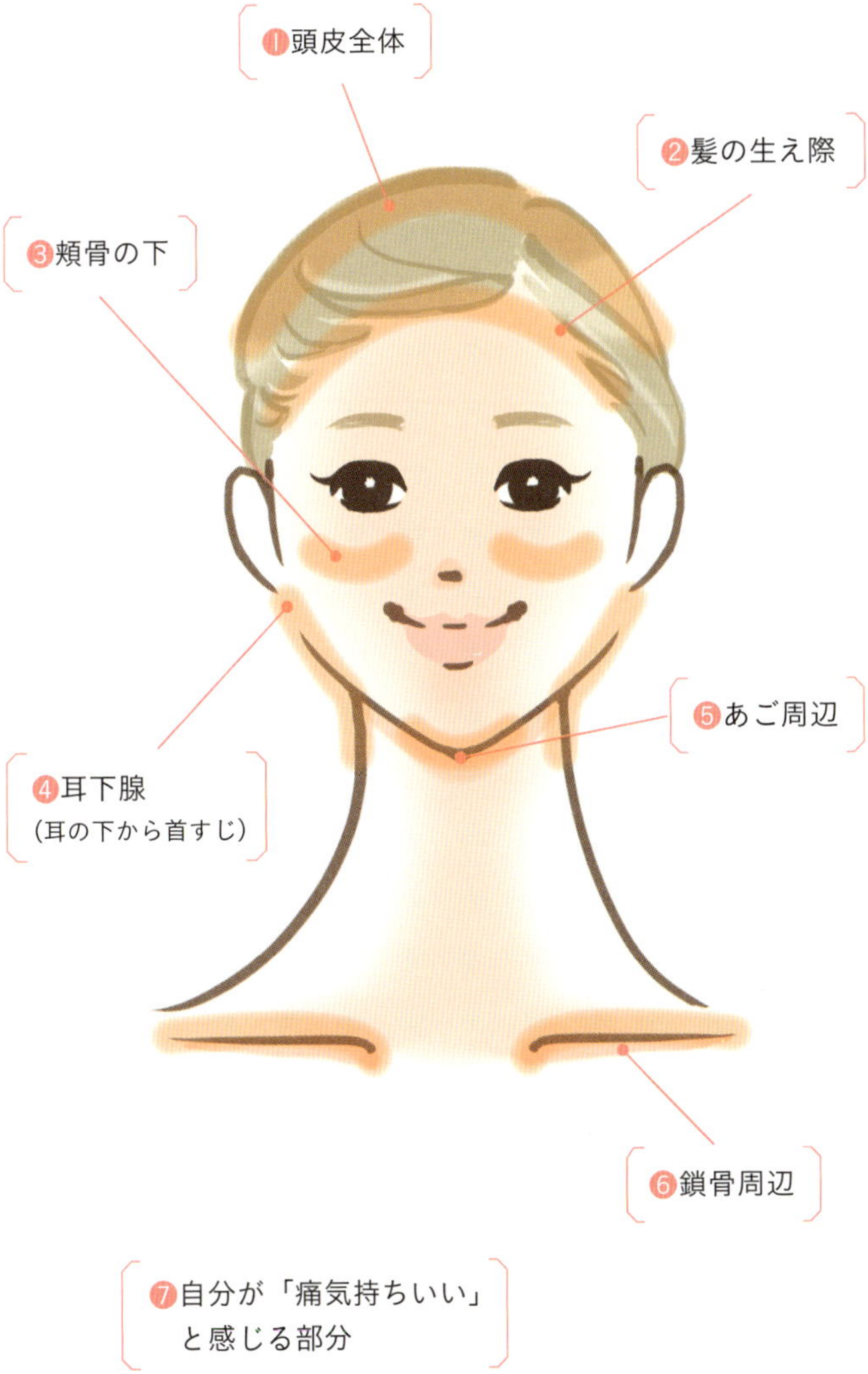
❶頭皮全体
❷髪の生え際
❸頬骨の下
❹耳下腺
(耳の下から首すじ)
❺あご周辺
❻鎖骨周辺
❼自分が「痛気持ちいい」
と感じる部分

できることから1歩ずつ無理をしないで「継続」が大事!

この章でご紹介したケアを、毎日欠かさずに習慣化するのが美肌への近道なのですが、忙しいときや、しんどいときには無理をしなくても大丈夫です。

「毎日必ず実践する」というルールが、多大なストレスになってしまうと、自律神経や腸内環境のバランスが崩れてしまい、美肌にも悪影響となってしまうからです。

私自身も、食事の管理や各種のケアを、毎日ストイックに行っているわけではありません。

パーティやレジャー、ゴルフやテニスなど、屋外でのスポーツをする日は、あえて習慣を忘れて大いに楽しみますし、多忙な日々のなか、ときには「まぁいいか」と不健康なものに手を出すこともあります。

でも、**大事なのは、その「まぁいいか」を習慣にしてしまわないこと。**

逆にいえば、正しい食事や適切なセルフケアが習慣として日々の生活に根づいていれば、たまに羽目を外すくらいは何の問題もないのです。

家族や友人と一緒に、堅苦しいことをいわずに思い切り楽しみたい日は、誰にでもありますよね。そういう特別な日に、無用な我慢をしなくてもいいように、日々の生活におけるルーティンを、少しずつ「よいもの」に置き換えていってください。

継続は力なり。これは、美容や健康にも、そのまま当てはまります。

行動のすべてを、いっきに刷新しなくてもよいのです。まずは、自分にとっていちばんハードルが低いものから、実践してみてください。それを、1歩、また1歩と、ゆっくり積み重ねていきましょう。

続く第3章では、洗顔、睡眠、ストレスケアなどの生活習慣についてアドバイスしています。とくに、「ぬるま湯だけ洗顔術」は、おすすめです。

私の祖母直伝の方法で、顔周りのケアに最適なのはもちろんのこと、上向きまつげまで手に入ってしまう、すごい洗顔術です。

これらを参考にしながらライフスタイルを全般的に見直してみてください。**あなたの日々の生活に「正しい習慣」をひとつひとつ根づかせていけば、〝美肌をつくる土台〟は、より強固なものになります。**

すべてを完璧にこなす必要はありませんので、できることからひとつずつ、取り入れていってくださいね。

驚きの体験談！

Dr.暁子流「最高の美肌術」で肌フローラがこう変わりました！

ここまでに紹介してきた美肌術を、
３人の40代〜50代女性が10日間にわたり実践。
Before/Afterで美肌菌の数を測定してみると……。

この菌を分析しました

菌の種類と働き	理想の割合＊
表皮ブドウ球菌 肌の表皮にいる美肌菌の代表格。善玉菌で、近隣に存在する黄色ブドウ球菌の増殖を抑え、肌の潤いを保ちます。	5.31％
サーモフィルス菌 善玉菌で、セラミドを生成して肌を乾燥から守ります。市販のヨーグルトにも含まれる乳酸菌の一種です。	0.45％
アクネ桿菌 日和見菌。肌を弱酸性に保ち、肌の保湿と保護の役目を担っていますが、増えすぎるとニキビの原因になります。	25.17％
黄色ブドウ球菌 悪玉菌。アルカリ性の環境で増殖し、アトピー性皮膚炎などのかゆみや炎症の元となる物質を出します。	0.11％

＊2000種類以上の肌常在菌における占有率（健康的な肌状態を示す参考値）
検査協力／株式会社ワールドフュージョン

Dr.暁子流・美肌術モニター体験のルール

以下の内容を、無理のない範囲で10日間実践していただきました。

エクササイズ

STEP1～3（腸マッサージ、股関節ストレッチ、2：1呼吸法）を毎日行なう

食事

①1日1.5～2Lを目安に水分補給をする
②タンパク質、食物繊維、抗酸化成分の豊富な食品を十分に摂る
③菓子パンや清涼飲料水など、砂糖を多く含む甘いものをできるだけ控える
④お腹が空いていない状態で間食しない。食事は寝る3時間前までに済ませる
⑤添加物が多く使われている加工食品はできるだけ控える

カルテ No.1

長谷川 圭子さん（仮名）

56歳女性／主婦

「気になっていたたるみが改善。肌のハリが復活しました」

もともと肌フローラの状態がよかった長谷川さんですが、美肌の総合評価がさらにUP。何歳でも「やれば確実に変わる」のです。

美肌菌の変化は？

菌名	BEFORE	→	AFTER
表皮ブドウ球菌	**15.44％**	→	**14.39％**
サーモフィルス菌	0.02％	→	0％
アクネ桿菌	12.07％	→	12.13％
黄色ブドウ球菌	0.02％	→	0.06％

総合評価（100点満点中）　BEFORE 76.22点 → AFTER **78.85点**

カルテ No.2

加藤めぐみさん（仮名）

46歳女性／会社員

「お通じ改善で肌がキレイに！美容への意識も変化しました」

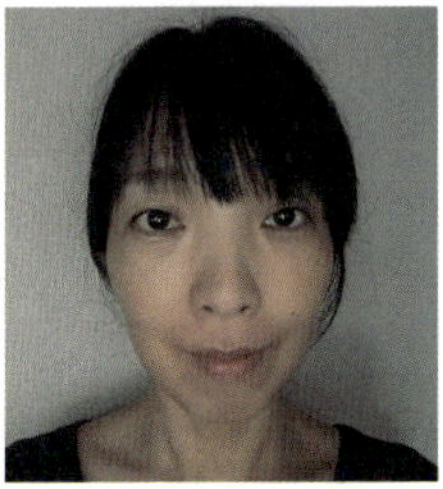

BEFORE

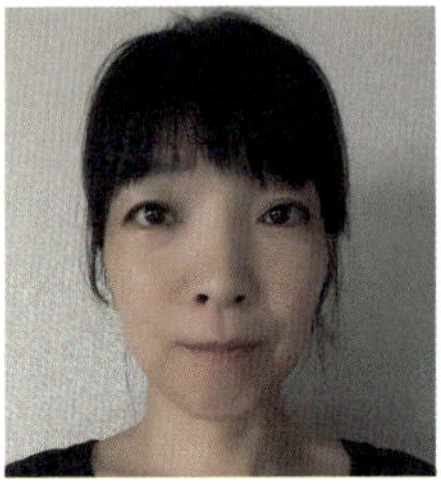

AFTER

目元のくすみが消えて、肌のハリと透明感がUPした加藤さん。
菌のバランスが大幅に改善し、見た目年齢がぐっと若返りました。

美肌菌の変化は？

菌名	BEFORE	→	AFTER
表皮ブドウ球菌	**0.32%**	→	**4.11%**
サーモフィルス菌	0%	→	0.13%
アクネ桿菌	0.47%	→	28.07%
黄色ブドウ球菌	0%	→	0.25%

総合評価（100点満点中）

BEFORE 23.26点 → AFTER **75.88点**

カルテ
No.3

水島麻衣子さん（仮名）
45歳女性／接客業

「腸の働きがよくなったと実感。続けたらもっと変わりそう！」

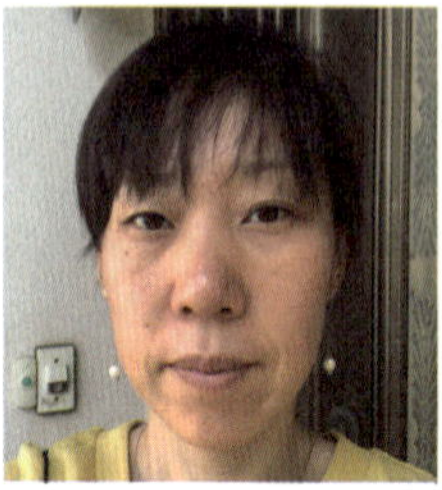

BEFORE

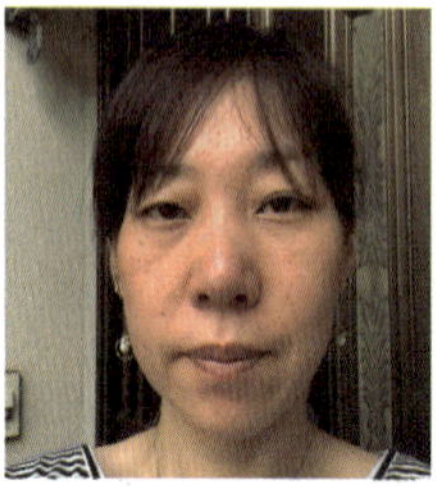

AFTER

「10日間では大きな変化はなかった」と語る水島さんですが、表皮ブドウ球菌が増えて、肌全体がすっきりと引き締まった印象に。

美肌菌の変化は？

菌名	BEFORE	→	AFTER
表皮ブドウ球菌	**1.34%**	→	**7.43%**
サーモフィルス菌	0.23%	→	0.16%
アクネ桿菌	37.31%	→	34.09%
黄色ブドウ球菌	0%	→	1.01%

総合評価
（100点満点中）

BEFORE 74.04点 → AFTER **76.05点**

BEAUTIFUL SKIN

第3章

美肌づくりの「新習慣」

美肌になるには〝ナルシスト気質〟くらいがちょうどいい

Beautiful Skin

脳の働きを変えて美肌の土台をつくる

いま、あなたは「自分」に関心がありますか？

こう聞かれると、「あまり考えたことがない」「私はナルシストじゃないから！」などと答えてしまう方が、多いのではないかと思います。でも、美肌にとって何よりも大切なのは、自分自身に気を向けることだと私は考えます。

自分の顔や肌の変化に敏感でいられるのは、誰よりも自分自身。自分が自分に関心を失ってしまうと、変化も見逃してしまいます。

この章では、美肌づくりの土台をさらに強固なものにするために、日々繰り返す「生活習慣」を振り返ってみることをご提案します。洗顔やスキンケア、睡眠など、ルーティンになっている習慣ほど、見直しが必要になってくるでしょう。

そのなかで、まず最初に振り返っていただきたいのが、**「自分とポジティブに向き合えているかどうか」「日々、自分を大切にできているかどうか」**という点です。

美肌づくりには、脳の働きが大きく関与しています。

「自分の肌がキライ」

「自分の顔は短所ばかりでイヤになる」

「キレイになんか、なれるわけない」

お肌や美容の悩みを抱えているみなさんは、毎日こんなふうに、自分を否定してばかりいませんか？

美肌を手に入れたいなら、いますぐ、そのネガティブな思考と縁を切りましょう。

ネガティブな考えに支配されているとき、あなたの背中は曲がり、顔はうつむき加減になっています。すると、気道が狭くなって呼吸が浅くなり、血行も悪くなってしまいます。

しかも、口角が下がった表情が常態化すれば、顔のたるみが加速し、ほうれい線は深くなる一方！

肌を美しくしたいなら、まずはポジティブな気持ちで、自分に関心をもつこと。

まずは、「自分の肌のどこがキライか」ではなく、「どんな肌になりたいのか」「どこが改善すれば理想の肌になれるのか」を考えてみましょう。

これは、フォーカスする内容は同じでも、脳の働きは180度違います。脳のポジティブな回路を使いながら、改めて自分自身の肌を分析してみてください。

BEAUTIFUL SKIN

実は、日本人の肌質はケアしやすい

肌に起こりうるトラブルや悩みは、その人が積み重ねる生活の内容によっても異なりますが、もって生まれた性質については、大きく3つのパターンに分類することができます。

❶色白タイプ

劣化や老化の起こりやすい肌です。皮膚が薄いので、環境的な要素に影響されやすいのが特徴。冬の乾燥や夏の紫外線ダメージを受けやすい傾向にあり、シミやシワが比較的できやすい肌だといえます。ただし、保湿やUVケアなどを欠かさずに状態をよく保つことができれば、きめの細かい、透きとおるような肌質が得られます。

❷中間肌色タイプ

黄色人種によく見られる傾向です。皮膚が弱すぎず、若々しさを保つことができます。そのなかでも色が白いタイプと、健康的な肌色タイプがあり、どちらに寄っているかで起こりやすいトラブルが違ってきます。極度な過敏さや、乾燥しやすさなどがないため、全般的に、比較的扱いやすい肌質であるといえるでしょう。

❸健康的な肌色タイプ

紫外線に当たっても、シミになるなどのダメージが少ない肌です。世間一般でいわれる美肌というよりは、健康的なイメージ。実際、化粧品トラブルが起きにくいなど、肌質が強いタイプの方が多いようです。ただ、紫外線に強いとはいえ、日焼けしたときは、きちんとしたスキンケアやビタミンCをとるなどのケアは必要になります。

日本人は黄色人種なので、②の中間肌質タイプがほとんど。そのなかでも、①色白タイプに寄っているのか、③健康的な肌色タイプに寄っているのかで、ケアのポイントが変わってきます。

また、年齢によって、肌に起こることも変わります。

もともとの遺伝要素が完全に決まっていて、それが一生そのまま続くというのではなく、両親がもっているそれぞれの要素が、年齢によってあらわれてくることもあります。若い頃とくらべて、年齢を重ねたことで肌質が変わってくるのです。

「うちのお母さん、シミが多いな」と思ったら、自分も同じくらいの年齢になったときにシミが増える可能性は高いでしょう。このように、将来、自分に起こるかもしれないトラブルは、父母や祖父母の状態からある程度、判断できます。

するとと、今後どういう変化をするのか、それを予防するためにはどういうケアをすればいいのか、どんなことに気をつければいいのか、なども見えてきますね。

BEAUTIFUL SKIN

生活習慣をリニューアルして効果を上げる

第1章では、私たちのからだの内側と外側にいる「美肌菌」のバランスを整えることが、美肌づくりには必要不可欠であると説明しました。そして、そのために、もっとも重要な要素が「食事」であるとお伝えしました。

しかし、肌の状態には、食事以外の生活内容も影響しています。

なかでも、紫外線対策や、自律神経のバランス、メンタル（脳）のコントロールが重要事項。そして、朝晩の洗顔とスキンケアが欠かせないのは当然ですね。

とくに、正しい洗顔方法/間違った洗顔方法を知ることは、外側の美肌菌（肌の常在菌）の黄金バランスを保つために必須です。

洗顔やスキンケアの時間は、「自分に関心をもつ」ための時間としても最適。丁寧な正しいケアで、自分自身の肌の調子を、毎日チェックしてください。そして、その日の体調や肌の調子に合わせた美肌術をその都度、チョイスしましょう。

では、ここからは、そんなあなたの美肌を叶えるために、日常生活に取り入れてほしい「新習慣」の数々をご紹介していきましょう。

第1章の食事術にプラスして、第2章の3ステップを実践し、さらに、この第3章で毎日の生活習慣をリニューアルすれば、さらに効果を実感できるはずです。

上向きまつげも手に入る
「ぬるま湯だけ洗顔術」

Beautiful Skin

医学的に正しかった、祖母の洗顔法

外側にいる美肌菌、つまり肌の常在菌のバランスを理想的な状態に保つためには、クレンジングと洗顔において、正しい方法を実践していくことが何よりも重要です。

内側の美肌菌を育てるためのアプローチが、食事や、腸内環境のケア。

そして、外側の美肌菌を育てるためのアプローチが、洗顔とスキンケアです。

「正しい洗顔法」について解説する前に、私の祖母の話をさせてください。

祖母は、お茶を教える先生だったこともあり、おつきあいの範囲がとても広い人でした。つねに他人から見られることを意識していて、とても美容意識が高かった祖母は、親戚のなかで唯一の女の子だった私に、優しくも厳しく、いろいろなことを教えてくれました。

そのひとつが「洗顔」です。まだ3歳くらいだった私に、「顔を洗うときは、こすらないで優しく。すすぎの最後は水でしめなさい」「タオルでゴシゴシこするのはダメ。拭《ふ》くときはそっと押さえるように」などと、細かく指導してくれたのです。

そのなかで、とくに印象的だったのは**「洗顔が終わったら、最後に指先で、まつげをキュッと上げなさい」**という教えです。

その理由は、「まつげが上に向くようになるから」。たしかに祖母は、ビューラーなどはまったく使っていませんでしたが、まつげがフサフサだったのです。

いまでも私は、その洗顔方法を守っています。

そして医師になった現在、その洗顔方法について考えると、祖母の言うとおりにしておいてよかったなと思います。まつげをキュッと上げると、まつげが上を向くようになるというのは、単なる「おまじない」のようにも感じられますが、まったく根拠がないわけではなさそうなのです。

医学的には、日々眼のまわりの筋肉を意識した結果、得られる効果だと考えられます。

まつげや目に気を配る瞬間、無意識のうちに、目元に存在している眼輪筋《がんりんきん》という筋肉に力が入ります。

これが習慣になると、おのずと眼輪筋は鍛えられますし、同時に目元の血流がよくなります。その結果、まつげに栄養が届きやすくなるというわけです。祖母は、そこまでは考えていなかったでしょうが、この効果を、経験的に知っていたのでしょう。

というわけで、私がおすすめする洗顔法は、私の祖母の洗顔方法です。

◎朝は、洗顔料は使わずに、ぬるま湯で流すだけ
◎メイクした日は、クレンジングに時間をかける
◎最後は水で毛穴をしめる
◎タオルで拭くときは強くこすらず、ポンポンと水気を押さえるだけ

◎最後に、指先でまつげをキュッと上げる

夜に、丁寧なクレンジングと洗顔をすれば、朝は、寝ている間に出た汗や脂分などを落とせばいいだけなので、ぬるま湯洗顔で十分。逆に、毎朝しっかり洗顔料を使っていると、必要な脂分まで落ちて、美肌菌の数が減ってしまいます。

BEAUTIFUL SKIN

目元のメイクオフはオイルタイプが正解

アイシャドウやアイライン、マスカラなど、目元のお化粧をしっかりめにしている人は、夜、とくに時間をかけて、丁寧にメイクオフをしてください。

ポイントメイクを落とすときには、オイルタイプのクレンジング剤を使いましょう。

最近のコスメ、とくにアイライナーやマスカラなどは「落ちにくさ」や「崩れにくさ」を売りにしているものがほとんど。これらは成分が強力なので、オイルでしっかりとなじませ、成分が肌に残らないように、落としてあげる必要があります。

このとき、ゴシゴシと力を入れてこするのは厳禁です。目元は、顔のなかでも、とりわけ皮膚が薄く、デリケートな部位だからです。

また、目元に強い負担をかけることで、まつげも抜けやすくなってしまいます。とくに更年期に近づくと、女性ホルモンの分泌が減るため、新しく丈夫なまつげが生えてきにくくなるので、注意が必要。

マスカラだけなら綿棒で、アイシャドウやアイラインも施している場合はコットンにオイルを染み込ませて、力を入れず、一方向にむかって優しく拭き取るようにオフしましょう。

しっかりメイクの日は、オイルを染み込ませたコットンを目元にのせて、目をつむったまま、しばらく置いておくと、力を入れなくてもスルッと落ちます。

普段、目のキワが赤くなったり、かゆくなったりしやすいという方は、アイメイクがしっかり落とせていない可能性があります。

「毎日そこまでするのは、面倒くさい……」という方は、落ちにくさを売りにしているコスメを選ばず、ぬるま湯だけでもオフできるタイプのものを使いましょう。

BEAUTIFUL SKIN

ベースメイクは乳液かクリームタイプで落とす

ポイントメイクを落とし終えたら、次に、ベースメイクのオフです。

ベースメイク用のクレンジング剤は、クリームタイプか乳液タイプのものがおすすめ。これらは、必要な皮脂を落としすぎることがなく、肌に負担が少ないからです。

ただし、**早く落とそうとして強くこすれば、それだけ肌に負担がかかってしまいます。**クレンジング剤をよく肌になじませて、十分に乳化させてから、水やぬるま湯で洗い流してください。

ポイントメイクと、ベースメイクで、いちいちクレンジング剤を変える必要があるの？　と疑問に思われる方もいらっしゃるかもしれませんね。

しかし、ポイントメイクとベースメイクでは、必要な洗浄力の強さが異なります。ファンデーションを普段使いしていないナチュラルメイクの方や、レジャー用の強力な日焼け止めを塗っていない日などは、なおさらそうです。

夏場など、やや強めの日焼け止めを使うときでも、乳液タイプやクリームタイプのクレンジング剤で十分にオフできます。

もし、気になるようなら、電子レンジで1分ほどチンした蒸しタオルを、しばらく顔にのせてからクレンジングするようにしましょう。そうすると、毛穴が開いて、マイルドなクレンジング剤でも効果的にメイクが落ちますよ。


ちなみに、「拭くだけで濃いメイクもスッキリ落ちる」という、シートタイプのクレンジング剤もいろいろな種類が市販されています。これらは手軽ではありますが、日常使いには、あまりおすすめできません。

なぜなら、必要な皮脂や水分まで落としてしまい、肌にいる美肌菌の数を減らしてしまう心配があるから。また、拭き取るときの摩擦《まさつ》も、肌への負担になります。

基本的に、**「これだけでスッキリと全部落ちる」と宣伝しているクレンジング剤は、洗浄力が必要以上に強すぎると考えてください。**

BEAUTIFUL SKIN

洗顔時の「刺激」を最低限に

クレンジングが、丁寧にしっかりとできていれば、その後はぬるま湯で洗顔するだけでも大丈夫。落とすべき汚れは、それだけで落ちます。

たとえ、多少の汚れが残ってしまう日があったとしても、肌はターンオーバーを繰り返していますし、いつもの洗顔が丁寧にできていれば、汚れが沈着してしまうということはありません。クレンジングだけでは汚れが落ちなかったら、洗顔料をよく泡立てて、肌に負担をかけないようにしながら、優しく洗ってください。

よく、「洗顔料は、何を基準に選べばよいですか?」と聞かれることがありますが、大事なのは、「どの商品を選ぶか」よりも「どう使うか」。

必要なのは、手のひらで十分に泡立てることです。

ふわふわ、モコモコの泡にして、それで洗顔することによって、汚れの吸着がよくなります。泡のクッションで軽く撫でる程度でも、しっかりと汚れが落ちますよ。

逆に、**絶対にNGなのが、肌の上で直接、洗顔料を泡立てること。**これは、ゴシゴシとこする動作にもつながりますし、肌への負担が大きすぎます。

クレンジング、洗顔、そしてタオルで拭くときも、「ゴシゴシ」は絶対にやめて。

「肌への刺激は極力少なく」が、美肌の鉄則です。

BEAUTIFUL SKIN

日焼けした翌朝は洗顔NG

なお、日焼けした次の日の朝や、肌表面が炎症を起こしているときなど、洗顔そのものをしないほうがよいときがあります。

そんなときは、低刺激の化粧水をコットンにたっぷりとって、皮脂を軽く拭き取るだけでOK。小鼻の脇など、凹凸のある部分は少し丁寧に拭き取るようにしてください。もちろん、この場合も、「ゴシゴシ」は厳禁ですよ！

その後は、できればメイクも控えて、炎症がおさまるまで刺激を与えないようにしましょう。メイクさえしていなければ、夜はお風呂やシャワーだけでも、十分に汚れや皮脂が落ちます。

日本人はきれい好きですし、CMなどの影響もあって**「キュッキュッ」と音がするようなレベルまで洗わないと気が済まない人も多いようですが、実は、それでは洗いすぎ。**

とくに、乾燥肌の方や敏感肌の方は、洗いすぎは禁物。肌のお悩みを悪化させることになります。

また、脂性肌の方も、洗いすぎや保湿不足が原因で脂分が過剰に分泌してしまっている場合が多くあります。適度に洗ってしっかり保湿するという、乾燥肌と同じ対策をしてあげましょう。

男性ホルモンの分泌量が多いことが原因による、真正の脂性肌の方は、部分的に洗顔料を使う方法がおすすめ。Tゾーンやあごなど、皮脂の多い部分のみ、よく泡立てた洗顔料で軽く洗いましょう。乾燥しやすい目や口のまわりは、洗顔料なしでもOKです。

脂性肌にもいろいろなタイプがありますが、いわゆる**〝油田〟のように皮脂が過剰分泌し、毛穴の皮脂が黒く酸化するほどだという方は、肌よりも、腸内の状態に問題がある**ことが考えられます。

腸内環境を整えたうえで、「脂っこい食事を控える」「食用油は、オリーブオイルやオメガ3系の油など良質なものに切り替える」などの対策が必要です。

腸内環境が悪ければ何を塗っても大差ない

BEAUTIFUL SKIN

高級化粧品でもキレイにならない理由

次は、洗顔と同様に欠かすことのできない、毎日のスキンケア（基礎化粧品を使ったお手入れ）についてお話ししましょう。もしかしたら、洗顔以上にこだわっている方、お金をかけている方も多いかもしれませんね。

しかし、医学的には、あくまでも洗顔がそれに先立つ重要ポイントであり、化粧品によるケアは二の次。また、私個人の考えをお伝えするなら、**「腸内環境が悪ければ、何を塗っても大差ない」**ともいえます。

美肌のための方策というと、真っ先に、化粧水や乳液、美容液などに頼ったケアを思い浮かべてしまいます。しかし、これらは最優先事項ではないのです。

腸の状態がよければ、特別なケアをしなくても、肌はキレイになります。

みなさん、化粧品にはすごくお金をかけて、熱心にケアをしていますが、それでも肌の調子が悪いことを嘆いている人を見ると、「その前に、腸をケアしてくださいー!」と、思わず言いたくなってしまいます。

Beautiful Skin

合わない化粧品で色素沈着が起こる

とはいえ、いろいろな化粧品を試したいという気持ちはわかります。また、お気に入りの化粧品を使っていると、気持ちも上がりますよね。これは、脳をポジティブにコントロールするという点でも、大いに意味があること。

一方で、肌が揺らいだときに安心して使えるような、自分の「定番アイテム」を決めておくのも、とてもよいことです。

女性のからだには生理周期がありますから、ひと月のうちでも別人のように変わることがあります。「コンディションが変わったときには、このケア!」と決まっているものがあると、安心につながるはずです。

それでは、自分に合った化粧品はどうやって見つければよいのでしょうか。

初めての化粧品を使ったあとに、次のような反応が出た場合、そのアイテムは、あなたの肌とは相性が悪い可能性があります。

・ピリッと刺激を感じる　・ヒリヒリとした感覚がある

・赤みが出る　・かゆみが出る　・化粧ノリが悪い感じがする

これらは、あなたの肌に合わない成分が入っているサイン。

とくに、シワ、シミ、たるみ、美白など、特定のお悩みにアプローチすることを謳《うた》った高機能タイプの化粧品を新しく試す場合は、これらの反応に注意してください。

高機能タイプの化粧品には、〝攻め〟の成分、つまり強力な成分が使われていることが多いものです。

肌に合わない成分が入っている化粧品を使い続けると、慢性的な炎症を引き起こすことになり、色素沈着につながります。また、さらに症状が進み、アレルギー皮膚炎になってしまうおそれもあります。

無用な肌トラブルを避けるためにも、肌に合う化粧品を見極めることは重要です。

なお、前に挙げたような反応は、化粧品を肌につけた直後に出る場合もあれば、翌日など、時間が経ってから出る場合もあります。デリケートな肌質の人は、実際に使いはじめる前に、デコルテなど、顔に肌質が近い部位で試してみると安心ですね。

BEAUTIFUL SKIN

新しい化粧品は生理後にチャレンジ

実は、**化粧品との相性を判断するのにぴったりな時期は、生理後です。**排卵の直後は、女性ホルモンの関係で肌が敏感になっているので、その時期は避けたほうが無難。

排卵日から次の生理の直前までは、「プロゲステロン」という黄体《おうたい》ホルモンが分泌される時期ですが、このホルモンは皮脂の分泌を活発にする働きがあるため、肌トラブルが起きやすくなるのです。

むくみや便秘、イライラなどの不調も起こりやすい時期ですよね。そんなときに新しい化粧品を試すと、普段より大きなトラブルを引き起こす可能性があります。

生理後から排卵前の時期（卵胞《らんほう》期）には、「エストロゲン」という卵胞ホルモンが分泌されます。これは肌の弾力に関わる細胞に働きかけて、ヒアルロン酸やコラーゲンを増やしてくれるホルモン。うるおいやハリが感じられて、トラブルもなく、肌の調子がいいと実感できるのはこの時期です。

新しい化粧品を試すなら、この、生理後〜排卵前の時期がおすすめ。トラブルが起こることも少ないので、いつもより冒険がしやすくなります。とくに、高い機能性を謳う〝攻めのコスメ〟は、からだが安定しているこの時期にトライするのが正解です。

そこで肌トラブルが出たり、再び排卵後の時期に入って肌の調子が不安定になったりしたら、「定番アイテム」に戻すようにしましょう。

このように、**漠然と同じ化粧品を使い続けるのではなく、生理周期や、肌の好不調に合わせて使い分けるのは賢いやり方です。**自分のリズムがつかめてくると、排卵前と排卵後でコスメを変えたほうが、肌の調子がよいこともあります。

冒険できる時期は、思いっきり冒険してみましょう。もしかしたら、そこで運命のコスメに出合えるかも。新しい化粧品を使うときは、女性にとってもっともワクワクする瞬間のひとつ。それも、冒頭でお伝えした「自分を大切にすること」「自分をいたわること」の一環です。

好きな色、質感、使い心地、香り、パッケージ。どの要素から見ても、素敵なコスメに出合えたら、それを使っている自分がもっと好きになれますよね。

そして、新しい化粧品を安心して試すためにも、普段から腸内環境を整えておくことが大切なのです。

BEAUTIFUL SKIN

いちばんの外的刺激は「紫外線」

ところで、美肌というのは、具体的にどういう肌を指すのでしょうか。
私の考える美肌は、単に美しいだけでなく「強くてキレイ」な肌。肌荒れや吹き出物がない、かさつきがないというのは、「肌の強さ、丈夫さ」に起因します。

キメが細かくて白い肌は、きちんとケアをすると本当にキレイですが、実は、ダメージを受けやすい「弱い肌」である場合が多くあります。反面、美肌のイメージからは遠い、日焼けしやすい肌は、とてもタフで健《すこ》やか。長い目で見ると、こちらのほうが年齢を重ねても美しさを保ちやすい傾向があるようです。

皮膚は、からだの表面を覆ういちばん外側の臓器。だからどの臓器より、環境的な影響を受けやすいという特徴があります。これは、健康的な肌の方でも、色白肌の方でも同様です。

とくに、顔は常に露出している分、非常に多くの外的刺激を受け続けています。そのなかでも、いちばんの刺激が「紫外線」です。赤ちゃんから老人になるまで、紫外線にどれだけさらされたかも、肌の若さを左右します。

骨の形成に役立つビタミンDを不足させないためには、ある程度、日光に当たる必要もあるのですが、実は、それも1日のうち5分ほどでOK。窓際に座っているだけでも十分です。

また、同じくらいの紫外線量を受けていても、人によってダメージは違います。たとえば、赤道直下に住んでいる黒色人種は多少の紫外線にさらされてもシワシワになったりはしませんが、白色人種など、生まれもったメラニン量が少ない方は、紫外線による老化があらわれやすいといえます。

肌が白い方や、敏感な方ほど、UV対策は必須だと心得ましょう。

だからといって、必要以上に紫外線を怖がるのも、考えもの。「晴れていて気持ちがいいから、外に出かけたくなってしまう」というような、生物としての自然な欲求に逆らってまで紫外線を避けるのは、健全とは思えません。屋外のレジャーやスポーツを楽しむときは、紫外線カット効果の高い、高機能な日焼け止めを全身にこまめに塗って、思い切り楽しみましょう。

その分、普段の生活では、冬でもUVカットの下地を日常使いするなど、メリハリのある紫外線対策を。

太陽の下で長時間過ごす日には、抗酸化成分の豊富な食品を積極的にとるなど、活性酸素を除去するためのインナーケアもしっかりとしましょうね。

下剤と抗生物質の乱用は
腸内フローラを壊滅させる

BEAUTIFUL SKIN

腸内フローラは「バランス」が大事

病気から身を守ってくれる免疫細胞の約7割は、腸にあります。からだに病原菌やウイルスが入ると、腸内にある免疫細胞が働いて排除してくれます。そして、免疫細胞の働きは、腸内細菌と密接に結びついています。

腸内にはさまざまな細菌が棲んでおり、その群れを「腸内フローラ」と呼びます。

腸内細菌は、おもに「善玉菌」「悪玉菌」「日和見菌」の3種類に分けられ、どれも、私たちが食べたものをエサにしています。

◎善玉菌……乳酸菌、ビフィズス菌、酪酸菌、糖化菌、納豆菌、酵母菌、麹菌など

免疫力を高める、ビタミンを合成する、消化吸収を助けるなど、私たちの健康を維持するために活躍する菌。炭水化物を好み、糖や食物繊維をエサにしています。

◎悪玉菌……ブドウ球菌、ウェルシュ菌、大腸菌（有毒株）など
腸内を腐敗させ、発ガン物質や毒素を発生。増えすぎると免疫が下がり、肌の老化も加速してしまいます。たんぱく質や脂質をエサにして増えます。

◎日和見菌……バクテロイデス、大腸菌（無毒株）、レンサ球菌など
腸内で善玉菌が優勢のときは善玉菌の味方、悪玉菌が増えると悪玉菌の味方をする性質があります。健康な状態では日和見菌がいちばん多く、全体の約7割を占めます。

以上のことから、**肉や脂の多い食事を続けていると、悪玉菌が増えやすい**ということがわかりますね。また、**ストレスや食生活の乱れによっても悪玉菌は増加します。**
こうして腸内環境が悪化すれば、体調を崩す引き金に。免疫機能も弱り、さまざまな不調を引き起こしてしまうのです。

その兆候となる症状のひとつが、「便秘」です。

便は、体内で出た老廃物、つまり、いらないものです。それが長くからだのなかにとどまっているということは、日々たまるゴミを捨てずに、部屋のなかに置いておくようなもの。どんどん腐敗《ふはい》が進み、有害物質やガスが発生していきます。

そんな状態では、どんなに栄養のよいものを食べても、きちんと吸収することができません。それどころか、悪玉菌の出す有害物質が再吸収されてしまうことも。

正常な状態だと、腸内で吸収した栄養素は血管を通して全身の細胞に運ばれ、エネルギーとして消費されたり、若い細胞をつくる手助けをしたりします。しかし、便秘が続くと、取り込んだ栄養素が細胞に行き渡らず、脂肪として蓄えられてしまいます。

その結果、代謝が低下し、どんどん太りやすいからだに！

肌のターンオーバーも阻害されるため、肌荒れや、吹き出物の原因にもなります。

下剤は「緊急時」だけ。常用は禁物

「それならば」と、便秘に悩む方が安易に頼りがちなのが下剤、つまり便秘薬です。しかし、下剤を使用することで、腸の状態にさらなる悪影響を生んでしまうことも少なくありません。

市販の下剤は、「刺激性下剤」がほとんど。腸に刺激を与えることによって、排便を促すしくみです。しかし、無理に腸を刺激して排便させているわけですから、使っているうちに、腸の粘膜に炎症ができてしまいます。

すると、からだに備わった防御反応によってメラニンが炎症部分に集まり、腸の粘膜が黒くなっていきます。この状態を「大腸メラノーシス（大腸黒皮症）」と呼びます。紫外線による肌の日焼けと、同じようなメカニズムです。

さらに、使い続けるうちに、腸が刺激に慣れ、規定量の下剤では排便できなくなってしまいます。こうして**「下剤依存」の状態に陥ってしまうと、腸がもつ本来の働きがどんどん低下し、美肌の土台が脆弱になってしまうのです。**

基本的には、下剤は「緊急時だけ」「何日もお通じがなく、体調が悪くなったときだけ」など、ルールを決めて服用することをおすすめします。

現在、下剤に頼っている方は、すぐにやめるのはなかなか難しいかもしれませんが、1日でも2日でもいいので、飲まない日をつくることから始めてください。

同時に、正しい食事と生活改善で、本来の〝腸力〟を取り戻していきましょう。

下剤のかわりに、「便秘解消」を謳っている健康茶を飲んでいる人もいますが、これも要注意。なかには刺激性便秘薬に使われているものと同じ成分が含まれていることもあり、これも長期服用することで、下剤依存と同様の症状を引き起こします。

成分に「センナ」「ゴールデンキャンドル」「キャンドルブッシュ」などと表示されているものは避けましょう。どれも植物の成分なので、安全だと思ってしまいがちですが、「センノシド」という医薬品に相当する成分が含まれています。

いま、私が診療をしている便秘外来では、下剤のかわりに乳酸菌や食物繊維のサプリメントを出すようにしています。そうして、腸内の善玉菌が優位になるように働きかけ、徐々に下剤の量を減らしていくのです。時間はかかりますが、下剤を使わなくてもよくなる頃には、肌も驚くほどきれいになりますよ。

BEAUTIFUL SKIN

「風邪に抗生物質」で美肌菌が減る

風邪をひいたときに病院で処方されることがある「抗生物質」にも、注意が必要です。**体内に入り込んだ有害な菌を殺すのと同時に、よい菌まで殺してしまうため、腸内フローラにも悪影響を与えます。その結果、内側の美肌菌が減ってしまうのです。**

そもそも、風邪は抗生物質では治りません。抗生物質というのは、「細菌類」を殺す薬です。一方で、肺炎や溶連《ようれん》菌感染症などではない普通の風邪を引き起こしているのは、「ウイルス」。これは、細菌とはまったくの別物で、抗生物質は効きません。

また、膀胱《ぼうこう》炎などで抗生物質を処方されたときに、きちんと飲みきらずに余った薬を家に残しておいて、体調不良のときに自己判断で飲んでしまう人がいますが、これは絶対にやってはいけません。

まず、抗生物質には多くの種類があり、それぞれに効果の対象となる細菌が異なります。そのときの不調の原因となっている菌に、その抗生物質が効くかどうかは、きちんと医療機関で検査をしないとわからないのです。

薬を飲んでも意味がないかもしれないどころか、美肌菌をはじめとするよい働きの菌を殺してしまうのですから、自己判断での抗生物質の服用は、百害あって一利なし。

医師の正しい診察を受けずに、抗生物質の乱用を続けていると、美肌からは遠ざかってしまいますし、それどころか健康を害することにもなりかねません。

夜に水分をとり過ぎると
むくみの原因になる

BEAUTIFUL SKIN

水分補給は夕方までにしっかりとる

水分をしっかりとることも、美肌のための大切な習慣です。

この「水分」とは、必ずしも水でなくてもＯＫ。よく、「コーヒーやお茶にはカフェインが含まれているから飲まないほうがいい」といわれますが、１日２〜３杯程度なら問題ありません。むしろ、抗酸化成分によるアンチエイジング効果が期待できます。

まずは、朝起きてすぐに、コップ１杯の水を飲みましょう。寝ている間に失われた水分を補給する必要がありますし、同時に、**胃腸のぜん動運動を促進する効果もありますから、腸にたまっていた老廃物が直腸に送り出され、規則的なお通じの習慣をつくるためにも役立ちます。**

また、腸が動くと、副交感神経の働きが活発になり、リラックス効果がもたらされます。逆にいうと、リラックスしていない状態では、便意は起こりにくいのです。

この働きは、朝食を食べるとより効果がアップ。朝食は抜かずに、必ず食べる習慣をつけてくださいね。これらを朝のルーティンにすることにより、腸内細菌のバランスがよくなり、美肌の土台が築かれます。

水分補給は、日中に積極的にして、夜は控えめにするようにしてください。人体のしくみとして、夕方以降になると、腎臓の機能が落ちてしまうのです。

腎臓は、水分の代謝を担う臓器です。これがお休みに入るタイミングで水分をたくさんとると、処理しきれずに、むくみの原因になります。

また、夜間にトイレに行く回数が増え、睡眠不足を招くことも。睡眠の質が下がると、からだをきちんと休めることができない、たまったストレスを解消しにくい、肌のターンオーバーが阻害されるなど、さまざまなトラブルが起こりやすくなります。

日中に水分をとらないでいると、やっぱり夜にのどが渇いて、ついつい、がぶ飲みしてしまいがち。**腎臓をいたわる意味でも、水分をゴクゴクと飲むのは夕食前までにしましょう。その後、就寝まではコップ1〜2杯程度にしておくのがベター。**いうまでもないことですが、お酒の飲みすぎもＮＧです！

１日の水分摂取量の目安は、１・５〜２Ｌほど。しかし、その人のライフスタイルや、体形、年齢、活動量などによって、ベストな水分量は異なります。

朝起きたときにすごくのどが渇いているなら、少し水分摂取が足りない可能性があるので、日中に飲む量を増やしてみて。

逆に、夜に何度もトイレに起きてしまう場合や、顔や手足がむくむ場合は、夕方以降に水分をとるのを控えて、その分を日中に回しましょう。

一度、自分の１日の水分摂取量をきちんと計算してみて、体調と照らし合わせてみるのもいいかもしれません。

「褒めタイム」が美肌をつくる

BEAUTIFUL SKIN

自分を褒める習慣で〝美人脳〟を育てる

今日のあなたは、どれくらいがんばりましたか？

どんなに素敵でしたか？

褒め言葉をかけてあげたいような瞬間は、ありましたか？

美肌づくりの習慣としておすすめなのが、夜、寝る前に「褒めタイム」を設けることです。

褒めタイムは、その日１日を振り返りながら「褒めてあげたい自分」を見つけて、実際に、自分で自分を褒めてあげるだけ。

ぜひ、実際に声に出して、自分を褒めてあげてほしいのですが、「家族がいるから、声に出すのはちょっと……」というあなたは、**日記のように、文字で書き出す**のでもＯＫです。

褒める内容は、外見のことでも、内面的なことでもかまいません。いろいろな角度から自分を見直して、**最低3つ、よいところをピックアップしましょう。**

このポジティブな時間が、脳を〝美人モード〟にします。

本当に何もないということは、絶対にないはず。

たとえば、お肌がガサガサだったとしても「こんなにざらついてるのに、ほっぺたのこの部分だけはツルツル！」とか、「雨が降っていたのに、ちゃんと遅刻せずに会社に行けた」など、ほんの些細《ささい》なことでＯＫ。無理矢理のこじつけだって、いいのです。

もちろん、「私、今日もこんなにキレイだった！」と、思いっきりポジティブに褒めまくることができれば、最高ですね！

なかには、「自分に自信なんかもてない」「出来事を振り返っていると、反省ばかりしてしまいそう」という声も聞こえてきそうです。

そんな謙虚なあなたは、自分の目標とする人や、憧れている人の素敵な面を挙げていくのでもよいでしょう。対象は、芸能人でも、架空の人物でもかまいません。

BEAUTIFUL SKIN

自分を愛し、いたわる時間が美肌をつくる

「褒めタイム」の意義は、脳をポジティブな状態にもっていくことにあります。

自分を褒める気力がなければ、脳が、幸せや安らぎを感じる状況をつくり出してみてください。

かわいがっているペットやぬいぐるみを抱きしめる、お子さんやパートナーがいる方は、その相手をぎゅっとする、ふわふわの毛布や、清潔なタオルケットにくるまるなどでも、「褒めタイム」と同じような効果が得られます。

私はよく、この話をするときに**「自分で、自分を抱きしめてあげてください」**とお

伝えしていますが、それは、自分の心とからだをいたわる行為です。

スキンケアのときに、丁寧にクリームを塗る、ゆっくりとパックをする、目元を温めるなど、どんな方法でもかまわないので、自分を大切にいたわる行為をしてあげましょう。

疲れていて、余計なことをする気力がないというときは、洗顔をいつもよりもゆっくりと、丁寧にするだけでも違います。丁寧な洗顔は、美肌菌を増やすことにもつながるので、相乗効果がありますよ。

ただ、ゴシゴシと顔を強くこすってしまう洗い方は、美肌菌を減らしてしまうので、注意してください。

多忙なときには、「自分にかける時間なんてない！」と思ってしまいがちですね。でも、そんなときこそ、自分を大切にしてあげてください。

忙しいときや焦っているときは、交感神経のスイッチがオンになっている状態。なかなか、ポジティブな方向に気持ちをもっていけないこともあります。

だからこそ、1日の終わりに、自分を褒めてあげたり、抱きしめてあげたりするのです。

これらの行為は、副交感神経にスイッチを切り替えるための大切なイニシエーションになります。

「いまは、余裕がないから無理！」というときにこそ、やってみてください。幸せややすらぎを1日の終わりに感じることができれば、明日への活力もわくはずです。

眠る前の過ごし方で肌は変わる

BEAUTIFUL SKIN

「ベッドでスマホ」が肌トラブルを引き起こす

美肌のためにも、睡眠は欠かせません。

ただし、「理想的な睡眠時間は7〜8時間。それよりも短くても、長くてもからだに悪い」という説には、信頼できる医学的根拠がありません。

7〜8時間でなくても、心身に不調がなく、日常生活に支障が出ていなければ、それが自分に合った睡眠時間であるといえるでしょう。

問題は、睡眠はベッドにいる「時間」よりも、「質」が大事だということです。

「寝つきが悪い」「夜中に何度も目が覚める」「睡眠時間は足りているのに、疲れがとれない」という人は、良質な眠りがとれてない可能性が高いといえます。

睡眠の質を下げてしまう、代表的なNG行動は、夜遅くにスマートフォンやパソコンの画面を見ること。これらの機器が発するブルーライトが交感神経を刺激し、からだが〝覚醒モード〟となってしまうためです。

また、日中もスマートフォンでひっきりなしにSNSを見ている方は、心理的な依存が心配。友達の近況報告は、実は、自分が自覚している以上にストレスになります。

いくら、「素敵なことがあってよかったね」「友達がハッピーでうれしい」と感じたとしても、それ以外の情報で、脳にストレスがかかってしまうことがあります。

第2章で、美肌に重要なのは「肌」と「脳」と「腸」の相関であるとお伝えしました。SNSやインターネットへの依存は、確実に脳の負荷となります。

とくに、**寝る前にベッドのなかでSNSをチェックするのが日課になっている人は、その習慣を今日から断つようにしましょう。**

睡眠は、1日使って疲れた脳を休めてリカバリーするための、大切な時間でもあります。ですから、寝る前の時間は大変デリケート。余計な情報を入れないことと、ネガティブな心のモヤモヤを残さないことが、大切なポイントです。

もし、寝る前の時間に何かをしないと落ち着かないという人は、「褒めタイム」の時間にあてるのがおすすめですよ。

BEAUTIFUL SKIN

2：1呼吸法を入眠のルーティンに

スムーズな入眠のカギは、自律神経の切り替えにあり。**ベッドに入ったらまず、ゆっくりと長く、息を吐いてみてください。**息を吐き切ることができたら、自然と必要な分だけ吸うことができるようになってきます。

そこから、目を閉じて、2：1呼吸法（130ページ参照）を何度か繰り返してみましょう。やがて、自律神経の働きが副交感神経優位な状態に完全に切り替わり、自然な眠りが誘発されます。

美肌の大敵・ストレスを
取り除くカギは自律神経

BEAUTIFUL SKIN

美肌の敵・ストレスで腸内環境も悪化する

ストレスは美肌の敵。そのメカニズムはよく理解していなかったとしても、これに異議をとなえる人はいないでしょう。

そもそもストレスとは、いったい何でしょうか。いちばんイメージしやすいのは、悲しみや怒りなどの精神的ストレスですよね。しかし、ストレスの種類はそれだけではありません。代表的なストレスは、次の5つに分けられます。

❶物理的ストレス

暑い、寒い、気圧が重い、周りがうるさいなど。自分ではなかなか環境を変えることが難しい種類のストレスです。

❷化学的ストレス

酸素不足、薬が合わない、大気汚染など。女性の場合、インスタント食品の成分を分解する機能が高くないので、食べ物に偏りがあるときもストレスになります。

❸生物的ストレス

病気、ケガ、睡眠不足、過労など。ストレス＝精神的なものと思いがちですが、肉体的なストレスは、精神にも大きな影響を及ぼします。

❹社会的ストレス

引っ越し、結婚、昇進、退職など。人間関係を構築するうえでのストレスです。結婚や昇進など、おめでたいことやうれしいこともストレス？　と疑問に思う方もいるかもしれませんが、極端に気分が上下することも、精神医学上はストレスととらえます。

❺精神的ストレス

不安、緊張、怒り、焦りなど。一般的にストレスというと、これが思い浮かぶ方が多いのではないでしょうか。

ストレスの原因がはっきりしているときは、それを取り除くために動くことができます。また、病気やケガなどは、時間をおくことで解決する場合があります。

いちばんよくないのは、不安な状態が長期間続くこと。家族の介護、就職できない、理想の男性に巡りあえないなど、自分の努力だけでは解決できないストレスは、肌の調子にも影響します。

人間はストレスを感じると、交感神経のスイッチがオンになり、副腎皮質からは、「コルチゾール」という物質が分泌されます。

コルチゾールは、ストレスを軽減させるために必要なホルモン。適度な量のときは脳を覚醒させ、ストレスへの耐性を高めてくれます。しかし、継続的にストレスにさらされていると過剰に分泌され、血流やコラーゲンの生成を妨げることも。

さらに、コルチゾールをせっせと分泌し続けることで副腎皮質も疲れてしまい、機能が低下。その結果、免疫力が落ちていき、老化や肌トラブルにつながってしまうのです。

ストレスは、腸内細菌にも影響を与えます。脳と腸は密接な関係にありますから、脳が強いストレスを感じると腸の働きが低下し、腸内細菌のバランスが崩れます。

さらに、それらが引き起こす便秘や腹痛、肌トラブルなどの体調不良によって、脳がますますストレスを感じるという悪循環に陥ってしまうのです。

BEAUTIFUL SKIN

副交感神経を活性化すれば美肌菌も増える

人間は、自律神経の働きによって、管理されています。自律神経は交感神経と副交感神経とがあり、昼間はおもに交感神経が活発になることで、アクティブに行動することができるのです。

活動的になれるのならば、いつも交感神経を高めていればよいのではないか、と考える方もいます。ですが、そうするとからだが休まらず、過労の状態になってしまいます。夜は自然に副交感神経に切り替えて、心身を休め、リラックスしなくてはなりません。

いつもストレスを抱えている方は、この切り替えがうまくいっていないことが多いようです。逆に、副交感神経が優位な状態が続きすぎると、やる気や集中力が発揮されず、気分がどんどん落ち込んでいきます。この状態は、美容面にも悪影響がありますね。

つまり、自律神経は、バランスよく切り替わることが重要なのです。

副交感神経は、夜、暗くなると優位になる性質があります。しかし、現代社会では夜もライトで明るかったり、スマートフォンなどのブルーライトの影響で、からだが夜だと認識しにくくなっています。

だからこそ、**夜には副交感神経が優位になるような生活習慣を〝あえて〟実践する必要があるのです。**

自律神経のスイッチの切り替えをスムーズにするために、朝と夜、それぞれ、次のことを実践してみてください。


［朝……交感神経にスイッチ・オンする生活術］

＊朝起きたら、太陽の光をあびる

＊思いっきりのびをして、深呼吸をする
＊コップ1杯の水を飲む
＊朝食をしっかり食べる
＊時間に余裕をもって行動する
＊頭がぼんやりしているときは、苦しくならない程度に速く呼吸する

［夜……副交感神経にスイッチ・オンする生活術］
＊寝る前にスマートフォンやパソコンを使わない
＊軽くストレッチをする
＊ぬるめのお湯で、きちんと湯船に浸かる
＊夕食は就寝時間の3時間前までに済ませる
＊アロマや音楽でリラックス
＊照明の明るさを落として、ゆったりと過ごす

美肌のためには、適度にからだを動かす習慣も必要ですが、ウォーキングやストレッチなどの軽い運動は、副交感神経を優位にする効果があります。128ページでご紹介した股関節ストレッチを寝る前のルーティンにするのもおすすめですよ。

なお、副交感神経を優位にするには、夜だけ意識するのではダメ。**日中、とくに朝の時間に交感神経にしっかりと切り替えられたかどうかでも、夜における自律神経の動きが変わってきます。**

ここに挙げた生活術を、自分のライフスタイルに合わせてアレンジしてみてくださいね。

BEAUTIFUL SKIN

第4章

肌のお悩み別“特効ワザ”

お悩み 1

目元にできた小ジワ、消えますか？

小ジワは、多くの女性が経験しやすい肌トラブルだと思います。筋肉の動きやたるみなどが原因でできる表情ジワとは違い、皮膚の表面や角質層の乾燥が進むことによって、どんなに若い方でもできてしまうからです。

小ジワの大きな原因は、肌の乾燥ですので、保湿ケアが必須です。もちろん、セラミドやヒアルロン酸など保湿力のある成分を使った化粧品で、丁寧に朝晩のお手入れをしてあげることも必要ですが、実は、保湿にもっとも重要なのは「血液の質」。

この本で紹介してきた腸活と、自律神経のケアは、血液の質を高めてくる特効法です。しっかり実践すれば、コスメ以上に効きますよ！

「保湿ケアはしっかりしている」という方でも、意外に見逃しがちなのが、体内の水分不足。たとえば、風邪やインフルエンザで熱が出たときに、肌がシワっぽくなったという経験をしたことはありませんか？　これも、発熱による脱水で、体内の水分が不足してしまうことが関係しています。きちんと水分補給することが、小ジワ予防や改善にもつながります。

また、小ジワは、目元や口元など皮膚の薄いところにできやすいのも特徴です。気になる部分には、部分パックなどのスペシャルケアをまめにすることを心がけて。

POINT

体内の水分不足も影響している可能性が。肌とともに、からだへの水分補給も忘れずに！

お悩み 2

肌にハリがなく、顔のたるみも気になります。

年齢を重ねるほどに気になってくる、顔のたるみや、二重あご、肌のハリ不足。たるみやハリ不足は、皮膚の内部がダメージを受け、真皮を支えるコラーゲン繊維やエラスチン繊維がゆるんでしまったことにより起きる、肌トラブルです。

もっとも重要な対策は、何といっても「予防」すること。残念ながら、たるんでしまってからでは、自力ではなかなか元には戻せないからです。

日頃から、とくに気をつけておきたいのは、紫外線。肌に届く紫外線には、シミの原因になるＵＶ－Ｂのほかに、ＵＶ－Ａという種類があるのをご存じですか。波長が真皮まで届くＵＶ－Ａを長期間受け続けたことが、たるみの大きな原因なのです。

ＵＶ－Ａは、晴れの日だけでなく、くもりの日にも降り注ぎます。また、夏ほどではありませんが、秋や冬にも私たちの肌に届いています。１年を通して、外出の際には必ず日焼け止めを塗るなど、ＵＶケアを怠《おこた》らないことが大切です。たるみ予防には、そうした習慣の積み重ねが欠かせません。

そのほか、糖化も、肌のハリ不足やたるみ、二重あごなどの原因になりますので、第１章で紹介したような糖化対策をしっかり行うことも必要です。

深刻なたるみが気になる方は、美容外科手術をすることも検討してください。

POINT

たるみは予防が肝心。これ以上の進行を防ぐには紫外線対策と糖化対策を徹底して。

お悩み3

にっくき、ほうれい線。改善策はありますか？

ほうれい線ができやすいのは、顔の肉づきがよいタイプの方。若い頃は、ふっくらとした女性らしい印象ですが、加齢により頬の筋肉が落ちると、筋肉の上にのっている脂肪の層が、重力に逆らえず下垂《かすい》してしまうのです。

その改善や予防には、顔の筋肉の衰えを防ぐ「表情筋トレーニング」が有効です。口を大きく開けて、「あ・い・う・え・お」の形をつくり、最後の「お」の口で20秒間、さらに「い」の口で20秒間、キープしましょう。慣れてきたら、キープ時間を延長してみて。１３６ページの「頭皮＆顔筋マッサージ」もおすすめです。

表情筋トレーニングをこまめに実践しつつ、日常のなかではスマイルを意識。無表情や、口角の下がった不機嫌顔、うつむき顔は、確実に「ほうれい線のもと」です。

最近、常にマスクをかけているという女性が増えていると聞きます。もちろん、風邪気味のときや、花粉シーズン、感染症が流行する時期などはよいのですが、肌や顔を隠すための「マスク依存」は、要注意。他者の視線がないところでは、人は緊張感をなくしてだらけてしまうものですが、顔だって同じです。表情筋がどんどん機能低下していき、〝老け顔〟が加速してしまいますよ！

ほうれい線も予防が肝心。深くなってしまうと、美容医療しか手がなくなります。

POINT

無表情、不機嫌顔、うつむき顔は厳禁。表情筋トレーニングで「手遅れ」を回避して。

お悩み4

くすみを解消して透明感ある肌にするには？

くすみは、誰にでも起こりうる肌トラブルのひとつです。

もっとも多いのは、血行不良が原因によるくすみ。136ページの「頭皮&顔筋マッサージ」で、血液の流れをよくしてあげると、肌の透明感がアップします。

同時に、リンパケアも行えば、さらに効果アップ。顔に近い、鎖骨や耳下腺のリンパ節の詰まりを解消してあげると即効性があります。

朝など、時間のないときには蒸しタオルが便利です。水で濡らして絞ったタオルを電子レンジで30秒～1分ほど、やけどしない程度の温度に温めて、首元から鎖骨に巻き付けておきましょう。これだけで、リンパの流れがよくなりますよ。

血液とリンパの流れがよくなったところで、顔全体を指先で軽くタッピングしてあげると、さらなる肌のトーンアップ効果が得られます。人差し指と中指をリズミカルに動かし、指の腹の部分だけを使って、トントンと弾ませるようにタッチ。目の下のクマなども、優しくタッピングすることで解消できます。

黄色っぽいくすみ肌は、糖化が原因かも。甘いものは控え目にする、ごはんやパンなど炭水化物に偏った食事を見直すなど、糖質過多の食生活を改めることが大切。主食の前に野菜を食べる、朝食に食物繊維を多めにとるなど、食べ方も工夫して。

POINT

マッサージ、蒸しタオル、タッピングで即効ケア。黄ぐすみ肌は糖化が原因。食事の改善を！

お悩み 5

シミが気になる！美白できますか？

どんなに意識していても、紫外線を完全に防ぐのは難しいですよね。強い日差しに当たってシミが気になるときには、いわゆる「美白用」の化粧品を使うのがセオリー。美白用の化粧品には、メラニンの生成を抑制する成分が含まれています。

美白に効果がある成分として医薬部外品認可を受けているのは、アルブチン、プラセンタエキス、ビタミンC誘導体の3種。メラニンの抑制や排出を促す効果がありま す。また、ハイドロキノンという成分も、高い美白効果で注目されていますが、刺激が強く、ひどい炎症を起こすことがあるため、慎重に使用するようにしてください。

自分の肌に合った美白用化粧品でケアをしつつ、ビタミンC、ビタミンE、ビタミンAなどの抗酸化成分を豊富に含む食材を日々、積極的にとることも重要。おすすめは柑橘類、緑黄色野菜、大豆製品、オリーブオイルなどの良質なオイルです。

私も、屋外のレジャーやスポーツで日焼けをするときなど「ここぞ」という場面には、これらのような食べ物を普段よりも多めにとるように意識しています。また、シミ予防として、ビタミンC誘導体のローションを使っています。

最近は、フォトフェイシャルや、トラネキサム酸のイオン導入など、安全で効果の高いシミの治療も充実していますので、美容医療に頼ってみるのもいいでしょう。

POINT

ビタミンC誘導体など美白成分入りの化粧品でケアしつつ、抗酸化食品を積極的に摂取して。

お悩み 6

年中、顔がカサカサ。乾燥肌がつらいんです。

乾燥肌に悩む方は、「使っている化粧水の保湿力が弱いのかな?」と、つい化粧品のせいにしがち。高級クリームやパックで、熱心にお手入れをしている方も多いかもしれません。でも、本当の原因は、からだの内側にあるのかも。小ジワの対策としてもお伝えしましたが、意外と盲点になっているのが「水分補給」なのです。

体内の水分量が慢性的に不足気味なことで、肌に十分な水分が回ってこずに、乾燥肌になっている場合も少なくありません。体内の水分不足を防ぐには、1日に1・5

～2Lほどを目安に、水分をしっかりとりましょう。

また、クレンジングや洗顔が、正しくできているかどうかもチェックポイント。乾燥肌を進める原因のひとつに「洗顔のしすぎ」があります。肌をこするようなゴシゴシ洗いや、洗浄力の強すぎる洗顔料の使用は避けましょう。乾燥肌の人は、洗顔料を使わずに、ぬるま湯や水で洗い流すだけでも十分ですよ。

一方、間違った洗顔方法による、メイクなどの汚れ残りも乾燥を招きます。肌に化粧品の成分が残っている状態が続くと、ターンオーバーの機能が低下し、古い角質がたまってしまいます。そうなると、いくら外側から保湿をしても、古く分厚い角質が水分を吸い取ってしまい、肝心の真皮層まで届かないのです。

POINT

肌が乾燥するのは、化粧品のせいじゃない！水分補給をしっかりしつつ、洗顔方法を見直して。

お悩み 7

脂性肌で、テカりやベタつきが気になります。

「乾燥肌」のお悩みと同じことが、原因になっている可能性があります。洗顔のしすぎによって必要以上に皮脂が奪われると、肌質によっては「油分が足りない。もっと出さなくちゃ！」と、皮脂が過剰分泌されることがあるのです。

乾燥が脂性肌を引き起こすケースは、年齢を重ねるにつれて増えてきます。TゾーンやUゾーンはベタつくのに、目のまわりや口元は乾燥気味だという場合は、このケースに該当するでしょう。改善策は、洗顔やクレンジングの内容を、マイルドな方向へと見直すこと。そして、保湿ケアをおろそかにしないことです。

基礎化粧品は、全顔《ぜんがん》で同じものを使う方がほとんどかもしれませんが、部位によって使用アイテムを変えるのも効果的です。

乾燥するのは皮膚が薄いところですから、保湿力の高い化粧水をしっかりとハンドプレスしながら浸透させ、その後に、乳液やクリーム、またはオイル系のアイテムでしっかりフタを。一方で、油分の気になる箇所には、収斂《しゅうれん》作用のある化粧水や、皮脂をコントロールするタイプの化粧品を部分使いするのがおすすめです。

男性ホルモン過多による真正脂性肌は、吹き出物や脂漏《しろう》性皮膚炎などがない限り、気にしすぎないで。皮脂は、ツヤ感や若々しい見た目のもとでもあるのですから!

POINT

ベタつきと乾燥が混在する混合肌は洗顔をマイルドに。化粧品は部分で使い分けを。

お悩み 8

もう若くないのに、吹き出物がよく出ます。

思春期前後のニキビは、性ホルモンの作用でどうしてもできてしまうもの。一方で、大人世代の吹き出物は、疲れやストレス、睡眠不足、アンバランスな食事など、生活上に問題があるケースがほとんど。これらの要因により、皮膚のターンオーバーの機能が低下し、毛穴に詰まった皮脂が酸化して感染を起こしている状態です。

炎症のある吹き出物ができてしまったら、皮膚科を受診して、外用の抗菌剤や高濃度のビタミンCローションを処方してもらいましょう。

完治したら、吹き出物を繰り返さないようにライフスタイルを見直す必要があります。前述したような習慣はすべて、吹き出物の誘因となりますから、体力と免疫力が落ちないような生活内容を心がけてください。

皮膚の免疫機能が低下する要素としては、次のふたつがあります。

ひとつめの要素は「乾燥」。乾燥肌や脂性肌のページでも解説したように、洗顔のしすぎによる乾燥を防ぐことが肝心です。洗顔料やクレンジング剤は、洗浄力の強すぎるものを避けましょう。そして、丁寧な保湿ケアと、十分な水分補給も忘れずに。

ふたつめの要素は「腸内環境の悪化」です。この本でご紹介してきた腸ケアを実践すると同時に、腸内環境に深く関わる自律神経のバランスを整える習慣も必要です。

POINT

大人ニキビの原因はほとんどが「生活習慣」。腸ケアで肌の免疫力を上げましょう。

お悩み 9

肌が弱くてデリケート。敏感肌は改善しますか？

もともと肌が弱いタイプの方を、一般的に「敏感肌」と呼びます。肌も、人によってポテンシャルが違います。トラブルが少なく丈夫で扱いやすい肌の人もいれば、わずかな刺激や環境の変化でもゆらぐような、デリケートな肌の人も。そんな敏感肌の人は、極力、肌への刺激をなくすことが大切です。

洗顔をするときは、ゴシゴシこすらないよう注意。また、化粧品を使ったケアもやりすぎないようにしましょう。化粧品や日焼け止めは、高い効果を謳うものほど、強い成分が使われています。最近は敏感肌用の化粧品が充実していますので、そのなかでもなるべくシンプルな成分のものを、使用するアイテムの数も厳選して、使うのがおすすめです。

アトピーの場合は専門的な治療が必要になりますが、最近は、アトピーも腸のケアをすることで改善するといわれています。発酵食品や食物繊維の多い食べ物をとったり、質のよい乳酸菌のサプリメントを飲むのも効果的。イライラするとつい掻いてしまって症状が悪化する場合もありますが、気持ちを鎮める漢方薬もありますので、1人で悩まずに皮膚科の先生に相談してみるといいですね。また、敏感肌に効く漢方薬の処方もあるので、トラブルが多いときは漢方を取り入れてみるのも手です。

POINT

化粧品の塗りすぎは刺激となり、かえって悪化。必要なのは外側のケアよりも、腸のケア。

お悩み 10

むくみがひどく、肌が引きしまりません。

むくみは、肌の下にある細胞と細胞の間に水分がたまってしまうことによって起こります。その原因としては、「水分や塩分のとり過ぎ」が真っ先に思い浮かぶでしょう。しかし、実は、女性に多いのは「たんぱく質不足」が引き起こすむくみ。

たんぱく質や糖などの栄養素は、血液にのって全身の細胞に運ばれます。十分なたんぱく質がとれていないと、血液中のたんぱく質濃度は低くなりますね。そうすると、人体に備わったメカニズムが、たんぱく質濃度を高めようと働いて、血管内にある水分を外に出そうとします。こうして血管から追い出された水分は、行き場をなくして細胞間にたまります。普通は、これを老廃物としてリンパが回収してくれるのですが、リンパの流れが滞っていたり、たんぱく質不足が慢性的に続いていたりすると、回収作業が追いつかずに、むくみと化してしまいます。

むくみを「体質」だとして、あきらめてしまっている人も多いようですが、塩分や水分の過剰摂取に心当たりがない場合は「たんぱく質不足」を疑ってみてください。

また、たんぱく質はアミノ酸がつながってできている成分ですが、食材によって、含まれるアミノ酸の種類が異なります。朝昼晩の食事のなかで、動物性の肉、魚、卵、乳製品、そして植物性の大豆製品などから、まんべんなく補うのが理想的です。

POINT

たんぱく質が不足していませんか？
また、リンパを流すマッサージも必須です。

お悩み 11

毎月、生理前になると肌がひどく荒れるんです。

生理前に肌が荒れるのは、女性のからだのサイクルとして、仕方ない面があります。それでも、生活サイクルや食べ物などを見直すことで、トラブルを最小限に抑えることができます。そのために必要なのは、自分の生理周期をきちんと把握しておくこと。少なくとも生理日は、スケジュール帳に記録するなどして、管理してくださいね。排卵日はそこから予測することができます。最近は、生理日を記録すると排卵日やその日のコンディション、起こりやすいトラブルなどを教えてくれるアプリなどもありますので、利用してみるのもおすすめです。

肌荒れが予測される時期には、体力を使いそうな予定を入れないほうがよいでしょう。ジムでハードに運動する、プールで泳ぐなどして体力を使うと、肌の調子を維持するところまでからだの働きが追いつきません。また、夜ふかしをする、慣れない人と会う、責任が多い仕事を引き受けるなど、精神的なストレスもできる限り避けて。仕事をしているとなかなか難しいところですが、寝る前に意識的にリラックスする時間をとって、副交感神経の働きを高めることで自分をいたわってあげてください。

生理前のニキビは、胃が悪いと悪化することがあります。生理前はなるべく外食を避けて自炊にするなど、消化のよい食事を心がけましょう。

POINT

生理前は肉体的にも精神的にもストレスを避けて。食事は外食を控え、自炊で消化のよいものを。

お悩み12

更年期を迎え、いっきに老け込んだ気が……。

更年期以降、女性ホルモンの分泌量が少なくなると、しだいに生理の間隔があき、やがて閉経を迎えます。これまで分泌していたホルモンが減るせいで、自律神経のバランスも崩れ、肌の水分や脂分が減少。シワや、カサつきが目立ってくるのです。

それを補うためには、質のよい脂質を食べ物から摂取するのが重要。エクストラバージンオリーブオイル、アマニオイル、えごまオイルなど、良質のオイルを意識的にとりましょう。これらに含まれる成分が、体内で女性ホルモンの材料となります。

定期的な運動も大切です。テストステロンという男性ホルモンは女性の体内にもあり、老化防止に役立っています。テストステロンも加齢によって減少しますが、軽い筋トレなどを習慣にして筋肉量をキープしていれば、分泌量を維持することができます。ちなみに、よい脂質をとることや適度な運動は、更年期~閉経後の年代だけでなく、すべての女性のアンチエイジングに効果的なので、ぜひ取り入れてくださいね。

とはいえ、年齢に無理に抗《あらが》おうとしても、ストレスにしかなりません。それよりも健康的に年を重ねていくほうが、ずっと魅力的。視点を変えて、運動や新しい趣味をはじめてみるなど、ポジティブに過ごしたほうが素敵です。

重ねた年齢の数だけ、魅力的な人間になりたいですね。

POINT

良質のオイルが、女性ホルモンの材料に。運動と組み合わせればアンチエイジング効果抜群!

おわりに

肌の細胞は、実は、人体の他の部位の細胞とくらべて、若さを維持する能力が高いといわれています。

皮膚科学の研究において、ある一定の条件のもとで、肌の細胞を人工的に培養する実験が行われることがあります。すると、70〜80代など高齢の方の肌細胞が、若い世代の人の肌細胞と変わらないほどの活性度を、長く保てることがわかるのです。

つまり、肌細胞が元気を保てる条件を維持することができれば、年齢を重ねれば重ねるほど、「実年齢」と「肌年齢」の大きなギャップが可能になるということです。

私のクリニックを訪れる患者様のうち、もっとも高齢の方で、90代前半の女性がおられます。その女性、一見すると60歳前後にしか見えないほど若々しく、もしかしたら「50代です」といわれても、わからないかもしれません。

その女性の肌は、とても美しく健康的。

これは、肌細胞が元気を保っている証であり、見た目の「マイナス40歳」だって夢ではないことを、証明してくださっています。


このように、全身の細胞のなかでも、肌の細胞は、潜在的なポテンシャルが非常に高いのです。

肌は、人体のいちばん外側にある器官。あらゆる外部刺激から、私たちの個々のからだのなかで起こっている生命活動を守る役割を担っています。

ですから、本来、肌の細胞は、非常に強く、元気にできているはず。肌トラブルや肌のお悩みは、肌細胞の強さや元気が失われているサインといえるでしょう。


肌は、正しいケアをすれば、決して裏切りません。

大きなポテンシャルを秘めていますから、やればやっただけ、結果が出ます。

一生懸命にお手入れをしても結果が出ないのは、努力の方向が間違っているということ。本書でもお伝えしてきたように、外側からどれほど高級な化粧品を塗っても、内側が整っていなければ、無意味なのです。

肌細胞は、腸と、自律神経のバックアップによって、もともとの強さを取り戻すことができます。本書では、そのためのアプローチ法をくまなくお伝えしてきました。いくつになっても、手遅れということはありません。必ず、効果はあります。最強の美肌術で、年齢を重ねるほどに輝く「強くて美しい肌」を手に入れてください。

小林暁子

著者紹介

小林暁子

AKIKO KOBAYASHI

医療法人社団順幸会小林メディカルクリニック東京理事長・院長。1996年、順天堂大学医学部を卒業後、同大学の内科・皮膚科に勤務。女性専門外来の開設にも立ち会う。

2006年、順天堂大学医学部教授の小林弘幸氏とともに、クリニックを開院。女性の大きな悩みのひとつ、肌荒れの原因にもなる便秘の改善医療で、女優や歌手など著名人からも信頼が厚い。

また、治療とともに、食事をはじめとする生活習慣を改善する指導を行い、不調の原因の根本的改善を目指す。

『ビビット』(TBS テレビ)、『ごごナマ』(NHK)、『人生が変わる1分間の深イイ話』(日本テレビ)などメディア出演も多数。

医者が教える
最高の美肌術

発行日　2018 年 8 月 30 日　第 1 刷
発行日　2019 年 4 月 23 日　第 3 刷

著者　小林暁子

本書プロジェクトチーム
編集統括　柿内尚文
編集担当　小林英史、大住兼正
編集協力　五十嵐有希、高山和佳、上村絵美、渡辺 尚
デザイン　菊池崇＋櫻井淳志（ドットスタジオ）
イラスト　清水利江子
撮影　内海裕之
ヘアメイク　垣内優衣
検査協力　株式会社ワールドフュージョン
校正　柳元順子
DTP　廣瀬梨江
営業統括　丸山敏生
営業担当　熊切絵理
営業　増尾友裕、池田孝一郎、石井耕平、大原桂子、矢部愛、桐山敦子、
網脇愛、寺内未来子、櫻井恵子、吉村寿美子、矢橋寛子、遠藤真知子、
森田真紀、大村かおり、高垣真美、高垣知子、柏原由美、菊山清佳
プロモーション　山田美恵、林屋成一郎

編集　舘瑞恵、栗田亘、村上芳子、堀田孝之、菊地貴広、千田真由、
生越こずえ、名児耶美咲
講演・マネジメント事業　斎藤和佳、高間裕子、志水公美
メディア開発　池田剛、中山景、中村悟志
マネジメント　坂下毅
発行人　高橋克佳

発行所　株式会社アスコム

〒105-0003
東京都港区西新橋2-23-1　3東洋海事ビル
編集部　TEL：03-5425-6627
営業部　TEL：03-5425-6626　FAX：03-5425-6770

印刷・製本　株式会社光邦

Printed in Japan ISBN 978-4-7762-1010-8

アスコムのベストセラー

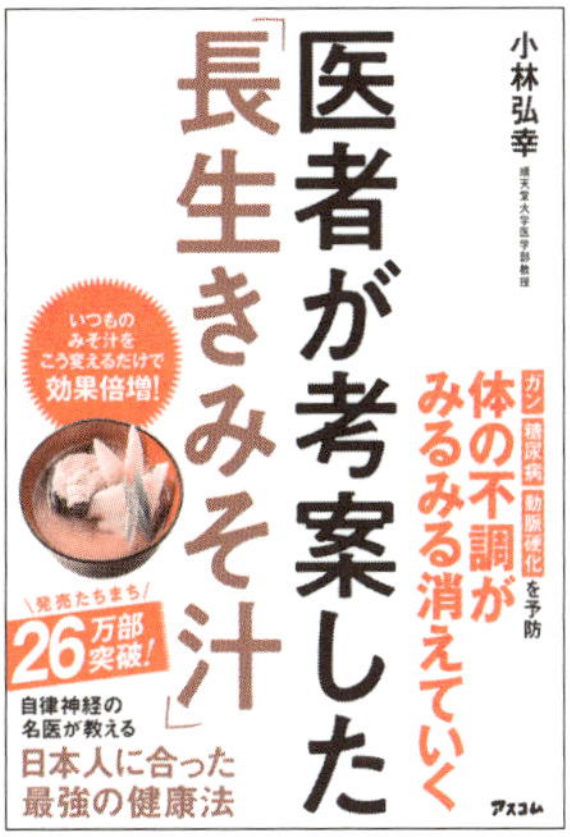

ベストセラー！
26万部
突破！

医者が考案した「長生きみそ汁」

順天堂大学医学部教授
小林弘幸

A5判　定価：本体1,300円＋税

ガン、糖尿病、動脈硬化を予防
日本人に合った最強の健康法！

◎豊富な乳酸菌が腸内環境を整える
◎血糖値の上昇を抑えるメラノイジンが豊富
◎自律神経のバランスが改善！
◎老化のスピードが抑えられる！

お求めは書店で。お近くにない場合は、ブックサービス ☎0120-29-9625までご注文ください。
アスコム公式サイト http://www.ascom-inc.jp/からも、お求めになれます。